“うつす・なおす・つくる”の3ステップ

スラスラ書ける作文ワーク 厳選44

村野 聡 著

学芸みらい社
GAKUGEI MIRAISHA

JN130652

▼本書の特徴と使い方

本書は『二百字限定作文で作文技術のトレーニング』（村野 聡 著　明治図書刊）で提案した指導法を中心に組み立てた「作文ワーク集」および「題材・テーマ集」である。こちらの方にも目を通していただけると、より本書が役に立つと思う。ぜひ、参考にしていただきたい。

一　作文技術を身につける三つの指導ステップ

本書は、作文技術を身につけるための三つの指導ステップワークで構成してある。

ステップ一ワーク　うつす（視写）
ステップ二ワーク　なおす（推敲）
ステップ三ワーク　つくる（短作文）

一つの作文技術を三枚のワークで教えることになる。

ステップ一では、ある作文技術を使って書かれた例文を視写させることで、作文技術を理解させる。視写のよさは作文技術を体で覚えることができるところである。

まずは、例文を読ませることから始める。次に、例文の上に記された「指導ポイント」を意識させながら視写に取り組ませるとよい。

正確に視写できたかどうかを評価する。

ステップ二では、ステップ一で理解した作文技術を使って例文を推敲（書き直し）させる。作文技術を使えるようにするのである。

ステップ一の例文を参考にさせて取り組ませる。この時、例文の一部だけを書き直しさせるのではなく、全文を書き直しさせる。一つの文・文章として書き直しさせるのである。

一部書き直しの推敲よりも全文書き直しの推敲の方が子どもを鍛える。

作文技術を使った作文に書き直せたかどうかを評価する。本書巻末に解答及び解答例を示した。

なお、ステップ二のワークはそのままテストとしても活用できる。身につけてきているはずの作文技術の定着度を診断することができる。

ステップ三では、ステップ一・二で使えるようになった作文技術を使って短作文を書かせる。実作を通して作文技術を使いこなせるようにしていく。

ステップ三ワークは、楽しく作文技術をトレーニングするための題材・テーマ集になっている。本書には二三〇余りの題材・テーマを収録してある。このように、たくさんの題材・テーマが用意されることで、「題材・テーマを選択できる」「早く終わってしまった子の空白時間を埋めることができる」「繰り返し作文技術のトレーニングができる」というよさが生まれる。

ここで書く作文は、原稿用紙を別に用意して書かせる。文集作りが可能になる。

さて、短作文の分量が問題である。

私は前掲書の中で「二百字限定作文」のよさを主張した。「二百字限定作文」とは、

記述分量を二百字ぴったりに限定した短作文（条件作文）

のことである。

私の経験から言うと、この指導法が適しているのは主に高学年の子どもたちである。中学年以下の子どもにはやや高級である。

そこで、本書ではステップ三で書かせる短作文を次のように提案する。

学年＼短作文	一文・二文作文	百字程度作文	二百字程度作文	二百字限定作文
低学年	◎	◎	△	×
中学年	◎	◎	◎	△
高学年	◎	◎	◎	◎

◎印は指導可能、△印は実態次第では指導可能、×印は指導不可能を表す。

低学年は百字程度で書くことを目標とする。

中学年は二百字程度で書くことを目標とする。ただし、四年生にもなると、二百字限定作文でも書けるようになってくる。

高学年は二百字限定作文が適している。

もちろん、これは目安である。学級の実態に応じて短作文の条件はいろいろに変えていくことが必要である。また、そうした方がマンネリ化を防ぐ効果もある。

なお、ワークの中には「一文作文」「二文作文」を指定したものも一部含まれている。

短作文は「指定した分量を満たしているか」「指定した作文技術が効果的に使われているか」を中心に評価していく。

二　作文技術指導系統表

本書でワーク化した作文技術は次の系統表に基づいて選択してある。表中に◎印がふってあるものが本書でワーク化した作文技術である。

	原稿用紙・言語事項	修辞法	文章構成	述べ方の順序	描　写	説　明
低学年	◎文の構成（主語と述語） ◎原稿用紙の使い方 ◎会話文の書き方・使い方 ・ひらがなの書き方・使い方 ◎かたかなの書き方・使い方 ◎句読点の書き方・使い方 ◎くっつきの「は」 ◎くっつきの「を」	◎オノマトペを使う ◎比喩（直喩） ◎書き出しの工夫―1（オノマトペで書き出す） ◎書き出しの工夫―2（会話文で書き出す）	・初・中・終の三段構成	◎時間的順序に従って書く	◎五感を使った描写	◎いつ、どこで、だれが、どうした
中学年	・ローマ字の書き方・使い方 ◎主語と述語 ◎接続詞の使い方 ◎一文を短く書く ◎段落の構成と改行 ◎常体と敬体の統一	◎擬人法を使う ◎書き出しの工夫―3（疑問文で書き出す）	・初・中・終の三段構成	◎空間的順序に従って書く	◎空間的順序による描写	◎簡単な説明文（情報伝達型）を書く ◎簡単な説得文を書く ◎簡単な意見文を書く
高学年	◎読点の使い方	◎比喩（暗喩） ◎名詞止めを使う ◎倒置法を使う	◎起承転結の四段構成 ◎起承束結の四段構成（論説の文章構成）	◎論理的順序に従って書く	◎比喩を使った描写	◎事実と意見の区別 ◎引用の仕方 ◎説明文の書き方 ◎説得文の書き方 ◎意見文の書き方

指導系統表で割り振った作文技術は、指導可能と思われる時期をおおよそで示したものである。教室の子どもの実態に応じて必要な作文技術を取り上げていただきたい。低学年用のワークを高学年で使用することも十分に考えられることである。

ぜひ、本書の活用を通して、子どもたちの作文力を高めていっていただきたい。また、ワークを使ってみてお気付きになったことがあればご連絡いただきたい。よりよい作文ワーク作りのための貴重なご意見となる。

村野　聡

目　次

高学年の作文ワーク

低学年の作文ワーク

文を　つくろう

ねん　くみ（　　　　　）

【ステップ一―うつす】　二まいの　カードを　つなげて　上の　えの　ようすを　文に　しました。正しく　うつしましょう。

〈その1〉

ぼく

なきました。

ぼくはなきました。

〈その2〉

だるまさん

ころんだ。

だるまさんがころんだ。

〈その3〉

うみ

ひろい。

うみはひろい。

〈その4〉

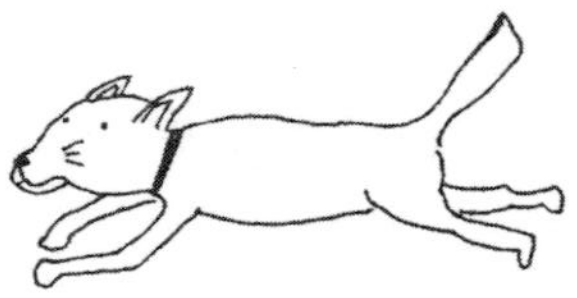

いぬ

はしっています。

いぬがはしっています。

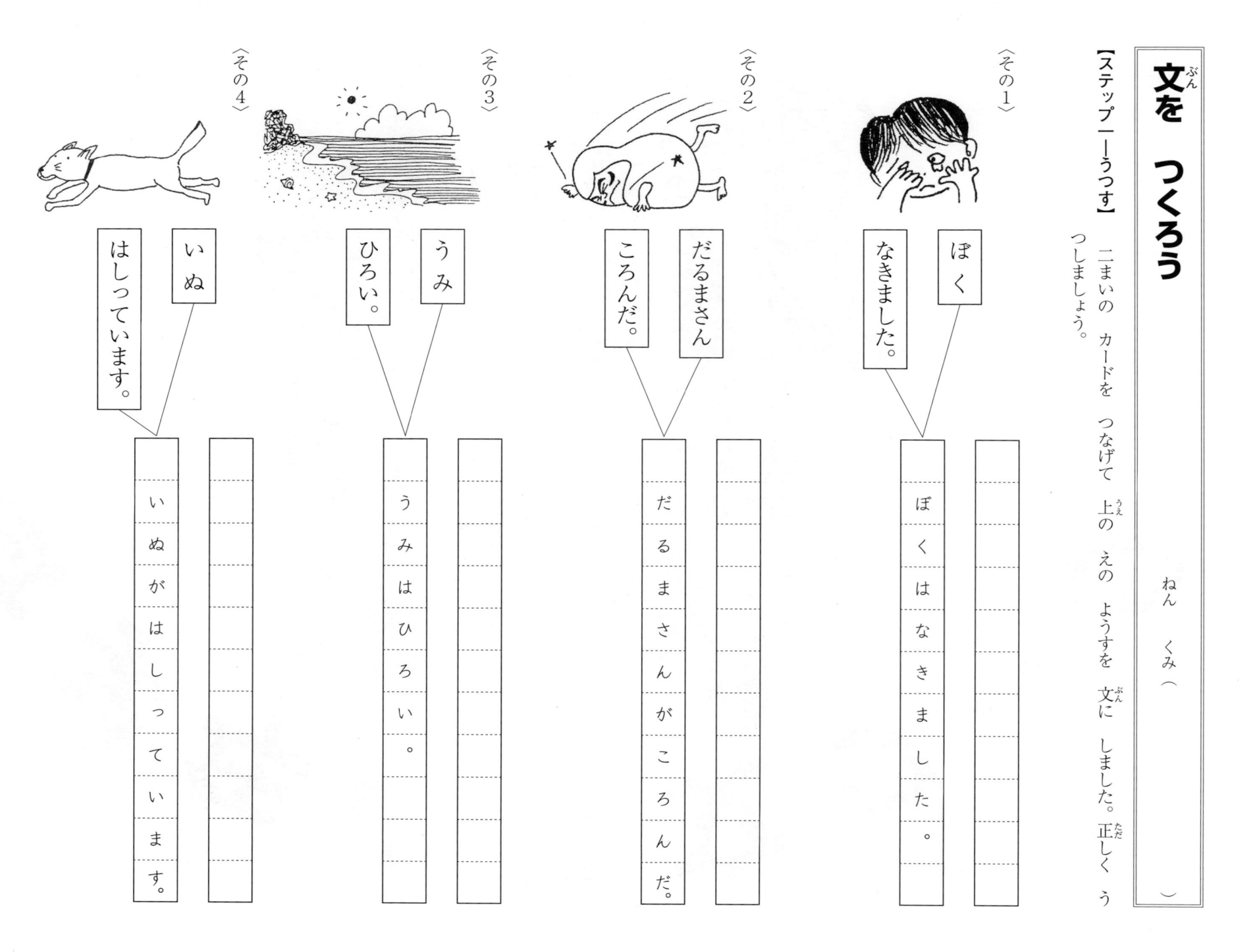

文を　つくろう

ねん　くみ（　　　　）

【ステップニーなおす】　上の　カードと　下の　カードを　つなげて　えに　あう　文を　つくりましょう。

〈その1〉

〈その2〉

〈その3〉

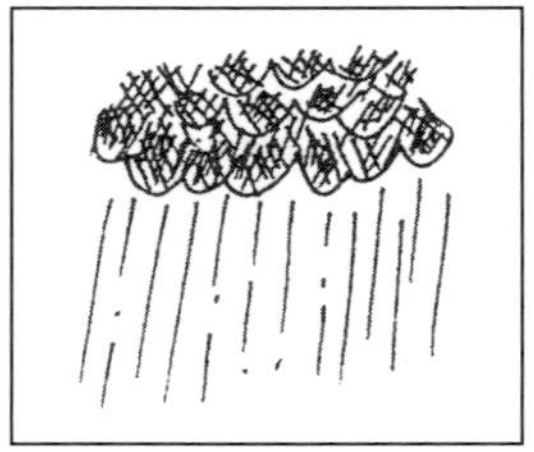

〈その4〉

おばけ	・　・	ちいさいです。
せんせい	・　・	ふりました。
あかちゃん	・　・	やさしい。
あめ	・　・	でた。

文(ぶん)を　つくろう

ねん　くみ（　　　　　　）

【ステップ三―つくる】　つぎの　えを　みて　文(ぶん)を　つくりましょう。（〜が――。　〜は――。）

だいざい・テーマ①

だいざい・テーマ②

だいざい・テーマ③

だいざい・テーマ④

だいざい・テーマ⑤

だいざい・テーマ⑥

だいざい・テーマ⑦

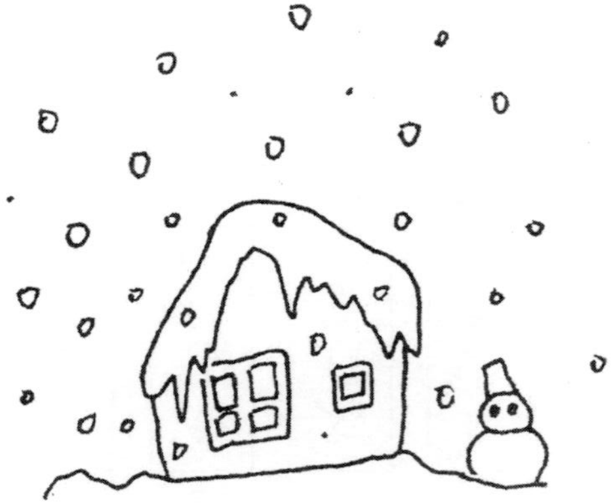

だいざい・テーマ⑧

だいざい・テーマ⑨

げんこうようしを 正しく つかおう

ねん　くみ（　　　　）

【ステップ一―うつす】　つぎの　さく文を　げんこうようしの　つかいかたに　気を　つけて　正しく　うつしましょう。

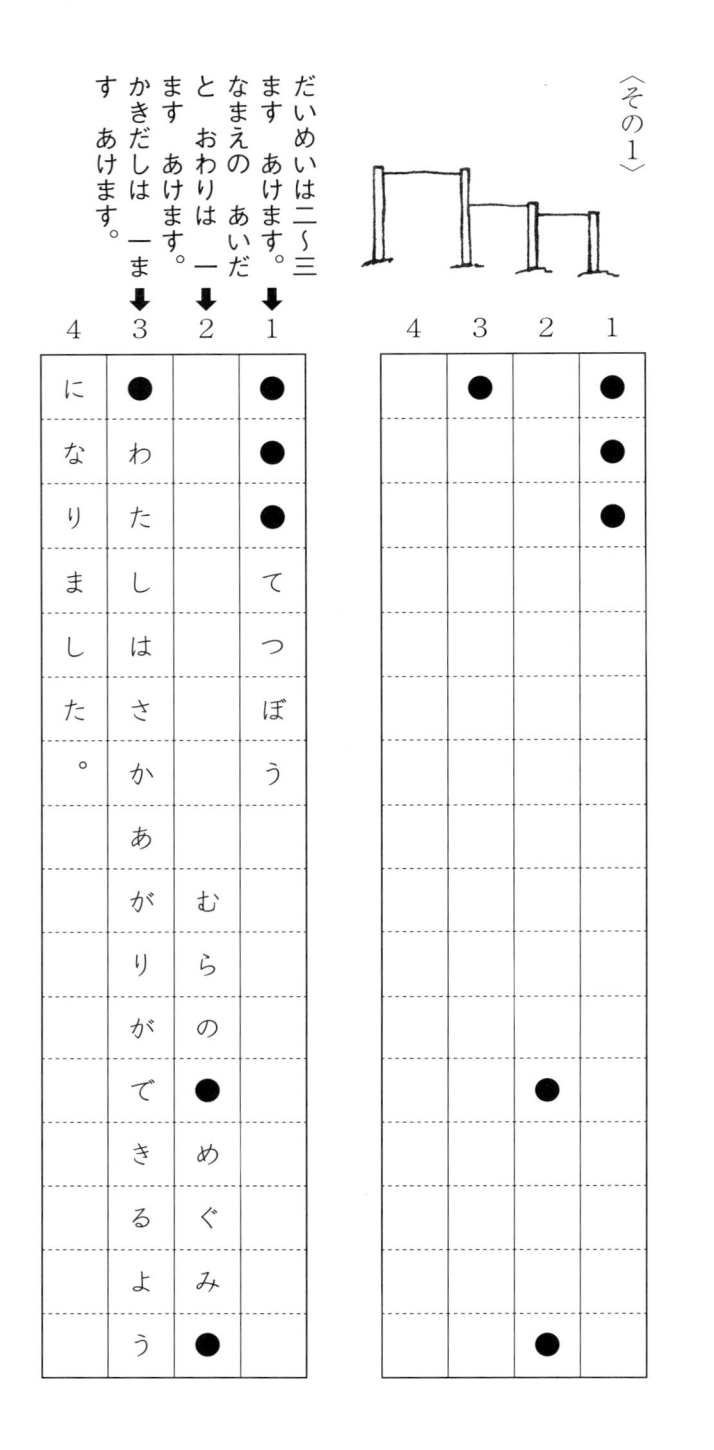

〈その1〉

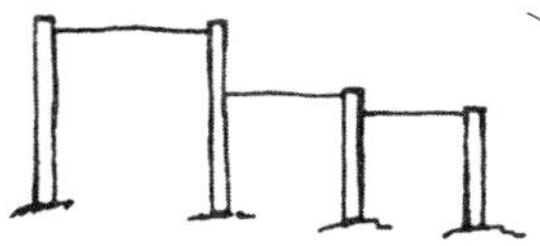

1	●	●	●													
2													●			●
3	●															
4																

だいめいは二～三ます　あけます。
なまえの　あいだと　おわりは　一ます　あけます。
かきだしは　一ます　あけます。

1	●	●	●	て	つ	ぼ	う									
2									む	ら	の	●	め	ぐ	み	●
3	●	わ	た	し	は	さ	か	あ	が	り	が	で	き	る	よ	う
4	に	な	り	ま	し	た	。									

〈その2〉

1																
2																
3																
4																

1				か	け	っ	こ									
2										あ	ら	い		み	き	
3		き	ょ	う	、	た	い	い	く	の	じ	か	ん	に	か	け
4	っ	こ	を	し	ま	し	た	。								

げんこうようしを 正しく つかおう

ねん　くみ（　　　　　　　　）

【ステップ二―なおす】 つぎの さく文は げんこうようしの つかいかたが まちがって います。ステップ一の かきかたを よく みて 正しく かきなおしましょう。

〈その1〉

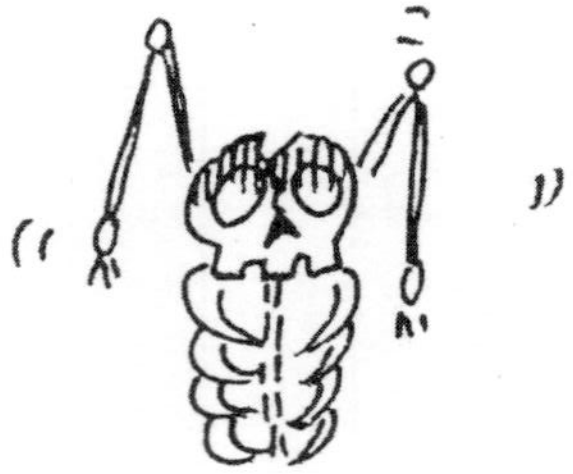

おばけやしき
あさのたかお
ぼくはゆうえんちのおばけやしきに
いってきました。

〈その2〉

ぺンのさんぽ　　うえだひさお
ぺンのさんぽはぼくのしごとで
す。ぺンもたのしみにしています。

げんこうようしを 正しく つかおう

ねん　くみ（　　　　　　　）

【ステップ三―つくる】　げんこうようしの 正しい つかいかたで さく文を かいて みましょう。

だいざい・テーマ①　きょうの きゅうしょくが どんな もので どんな あじだったか おうちの 人に おはなししましょう。

〔かきだしれい〕
きょうの きゅうしょくは カレーライスと ぎゅうにゅうと やさいサラダでした。
カレーライスの あじは……

だいざい・テーマ②　あなたの かぞくの なかから 一人 えらんで、どんな 人なのか 先生に おはなししましょう。

〔かきだしれい〕
わたしの おにいちゃんは さとしと いいます。いま、ちゅうがく二ねんせいです。

だいざい・テーマ③　あなたの すきな べんきょうは なにか、それは どうしてか 先生に おはなししましょう。

〔かきだしれい〕
わたしの すきな べんきょうは こくごです。
りゆうが 三つ あります。
一つめは、

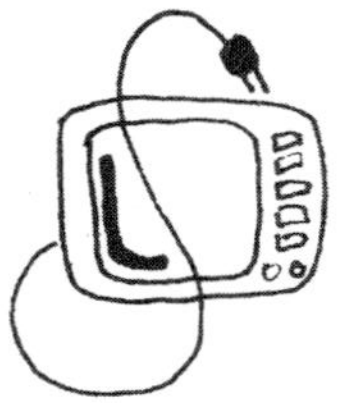

だいざい・テーマ④　あなたが さいきん みた テレビばんぐみの なかで とくに おもしろかったものを ともだちに おはなししましょう。

〔かきだしれい〕
ぼくが さいきん みた テレビばんぐみで 一ばん おもしろかったのは、せんしゅうの きんようびに ○チャンネルで やっていた……

だいざい・テーマ⑤　あなたが これまでに してきた いたずらの なかで さいあくの いたずらを そっと おしえて ください。

〔かきだしれい〕
ぼくの じんせいの なかで さいあくの いたずらは これだ！

はなしことばに「 」を つけよう

ねん　くみ（　　　　　　）

【ステップ一―うつす】　さく文では、はなしことばに「　。」を つけます。「　。」の つけかたに 気を つけて 正しく うつしましょう。

〈その1〉

かぎは 一ますずつ かきます。

1　おじいさんは、かぶをぬこうとしました。
2　「うんとこしょ、どっこいしょ。」

（ロシア民話『おおきなかぶ』より）

〈その2〉

はなしことばが二ぎょうより おおく なると きは 二ますめ に もじを そろえます。「。」の あとの ますは あけて つぎの ぎょうから かきつづけます。

1　雨がやまないときは、
2　「ちょっとしつれい、そこまでいれてください。」
3　い。」
4　と、しらない人のかさにはいりました。

（佐野洋子作『おじさんのかさ』より）

〈その3〉

さいごの もじが さいごの ますに なった ときは さいごの もじと いっしょに「。」を かきます。

1　「そうさ。それが、おとなっていうものだよ。」
2　とうさんは、ほっとして言いました。

（みき たく作『えいっ』より）

はなしことばに「　」を つけよう

ねん　くみ（　　　　）

【ステップ二―なおす】　つぎの さく文（ぶん）には はなしことばの「　。」が ついて いません。「　。」を つけて 正（ただ）しく かきなおしましょう。

〈その1〉

お父（とう）さんがいいました。
やっとちょうじょうについたぞ。

〈その2〉

ぼくはおんがくが大（だい）すきです。お
かあさんに、
ぼくはおんがくのべんきょうが一（いち）ば
んすきだ
と、いうと、
あなたはさっきょくかになれるね。
と、いわれました。

はなしことばに「　」を　つけよう　ねん　くみ（　　　　　　　　　　）

【ステップ三　つくる】　〈はなしことば〉の　ある　さく文を　かきましょう。

だいざい・テーマ①　二人は　どんな　かいわを　しているのでしょう。はなしことばの　かきかた・つかいかたに　気を　つけながら　かいて　みましょう。（三まいの　えから　一まいを　えらんで　かきましょう。）

①

②
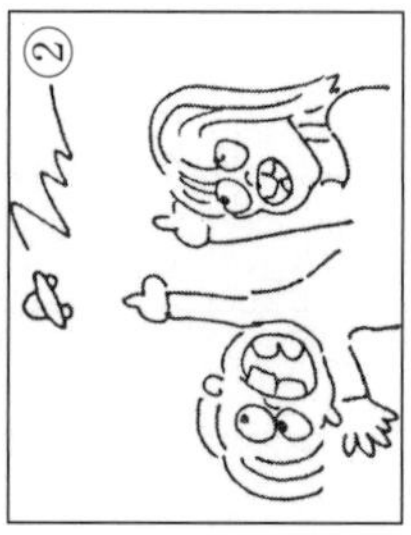
③
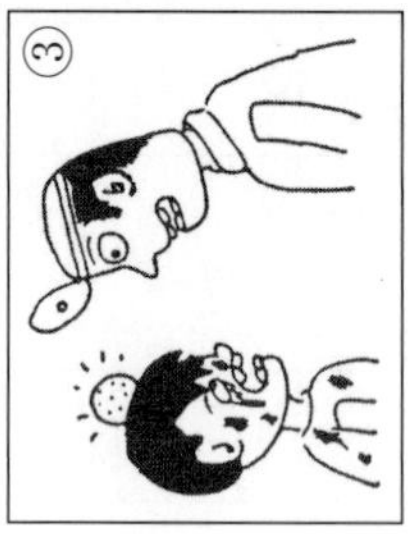

〔①のかきだしれい〕
「ウォーウォー。」
ひろしくんが　なぜか　大きな　こえで　さけんでいた。
〔②のかきだしれい〕
よしおくんと　みえこさんが　あるいて　います。いったい　どんな　はなしを　しているのでしょう。
〔③のかきだしれい〕
ぼくは　けがを　しました。とっても　いたかったので　いしゃへ　いきました。

だいざい・テーマ②　じぶんで　えを　かいてから　二人の　かいわを　さく文に　しましょう。

だいざい・テーマ③　かべの　むこうから　ヒソヒソばなしが　きこえます。どんな　かいわを　しているか　そうぞうしながら　はなしことばだけの　さく文を　かいて　みましょう。

〔かきだしれい〕
「おい、こんどの　にちようびは　どうする？」
「やるしか　ないだろう。」

だいざい・テーマ④　はげしい　口げんかの　ようすを　さく文に　しましょう。

〔かきだしれい〕
かんたが　おこった。
「おい、おまえ、いいかげんにしろ！」
よしこが　いいかえした。
「あんたこそ、いいかげんにしてよ！」

だいざい・テーマ⑤　インタビューする人と　インタビューされる人の　かいわを　そうぞうしながら　かきましょう。

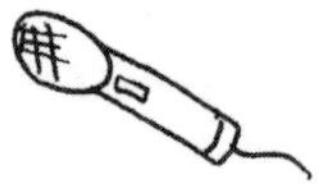

〔かきだしれい〕
「ゆうしょう　おめでとうございます。」
「ありがとうございます。」

だいざい・テーマ⑥　となりの　せきの　ともだちと　さく文で　おはなしましょう。こうたいで　さく文を　かいて　いきます。しゃべっては　いけません。

〔かきだしれい〕
「きのう、どこへ　いったの。」（Aくん）
「ぼくは　きのう　こうえんに　いったよ。」（Bくん）

かたかなを　正しく　つかおう

ねん　くみ（　　　　）

【ステップ一―うつす】　つぎの　さく文は　かたかなを　正しく　つかって　かかれて　います。正しく　うつしましょう。

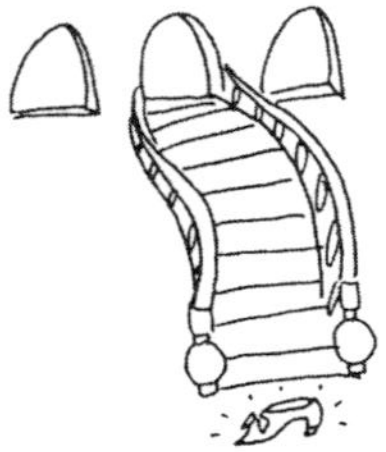

1 かたかなでかくことばは四つあります。
2 　一つ目は、どうぶつのなきごえです。「ワ
3 ンワン」「ニャーオ」などです。
4 　二つ目は、ものの音です。「カーン」「ポ
5 チャン」などです。
6 　三つ目は、がいこくのとちや人のなまえで
7 す。「インド」「シンデレラ」などです。
8 　四つ目は、がいこくからきたことばです。
9 「コップ」「コーヒー」「サッカー」などで
10 す。

かたかなを　正(ただ)しく　つかおう

ねん　くみ（　　　　　）

【ステップ二―なおす】　つぎの　さく文(ぶん)は　かたかなを　つかって　いません。かたかなに　しなくては　いけない　ところを　かたかなに　して　かきなおしましょう。

じぇえむすはいぎりす人(じん)です。こ
としの五(ご)月(がつ)に、わたしたちのくらす
にてんこうしてきました。じぇえむ
すはくらすのにんきものです。
とくいなさるのまねをして、
「きゃっきゃっ。」
と、おおさわぎします。
　またさっかあもとくいです。と
おくからしゅうとをします。ぼうる
がしゅうっと音(おと)をたてて、ごおるに
つきささります。

かたかなを　正しく　つかおう　　ねん　くみ（　　　　）

【ステップ三ーつくる】　かたかなを　つかった　さく文を　かきましょう。

だいざい・テーマ①　つぎの　かたかなを　三つ　つかって　「どうぶつおうこく」の　おはなしを　かんがえて　かきましょう。

ワンワン　ニャーゴ　ピッピッ　ヒヒーン　ブヒブヒ　コケコッコー　モー　メー

〔かきだしれい〕
ここは　どうぶつおうこくです。どうぶつが　にんげんを　かっているのです。

だいざい・テーマ②　つぎの　かたかなを　三つ　つかって　「こわい話」を　かんがえて　かきましょう。

ギーッ　ポタン　ヒューッ　ザザザー　バリーン　グサッ

〔かきだしれい〕
ギーッ。ぼくは　おそるおそる　とびらを　あけた。へやの　なかは　まっくらだ。

だいざい・テーマ③　つぎの　かたかなを　三つ　つかって　「いんちき　ディズニーランド」の　おはなしを　かんがえて　かきましょう。

シンデレラ　ダンボ　ミッキーマウス　ピーターパン　ドナルドダック

〔かきだしれい〕
みみの　ちいさな　ダンボが　あるいて　いました。そこへ　プロレスラーに　なった　シンデレラが　やってきました。

だいざい・テーマ④　つぎの　かたかなを　三つ　つかって　「おかしの　くに」の　おはなしを　かんがえて　かきましょう。

ケーキ　アイスクリーム　ジュース　キャンディー　キャラメル　チョコレート

〔かきだしれい〕
わたしは　おかしの　くにに　やってきた。おかしの　くに　だから、すべて　おかしで　できている。

マル（°）と　テン（、）の　うちかた

ねん　くみ（　　　　）

【ステップ一―うつす】　マル（°）は、文の　おわりに　うちます。テン（、）は、文の　とちゅうに　うちます。
マルと　テンに　ちゅういして　つぎの　さく文を　正しく　うつしましょう。

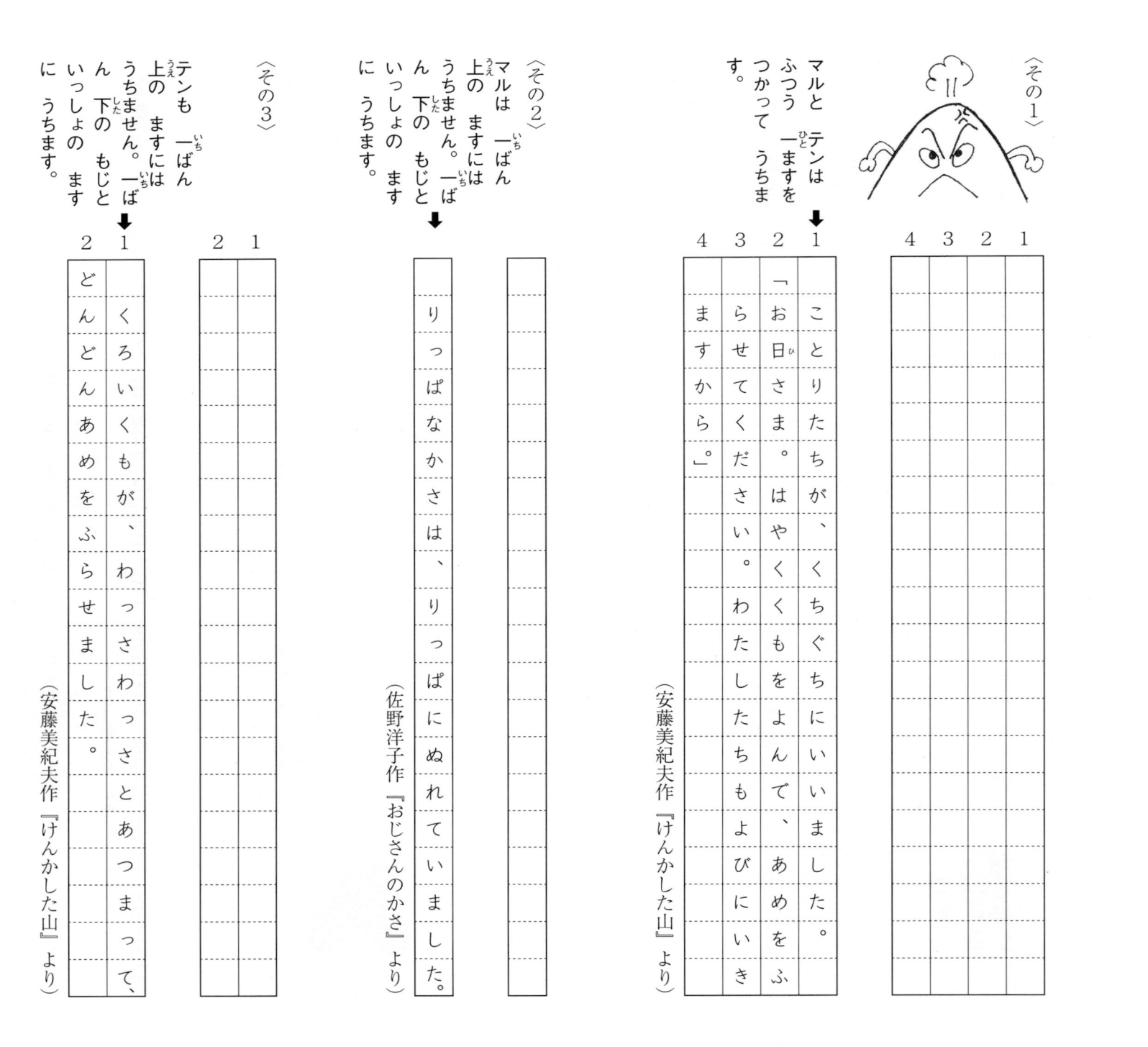

〈その1〉

マルと　テンは　一ますを　つかって　うちます。

1　ことりたちが、くちぐちに　いいました。
2　「お日さま。はやく　くもを　よんで、あめを　ふ
3　らせて　ください。わたしたちも　よびに　いき
4　ますから。」

（安藤美紀夫作『けんかした山』より）

〈その2〉

マルは　一ばん　上の　ますには　うちません。一ばん　下の　もじと　いっしょの　ますに　うちます。

りっぱな　かさは、りっぱに　ぬれて　いました。

（佐野洋子作『おじさんのかさ』より）

〈その3〉

テンも　一ばん　上の　ますには　うちません。一ばん　下の　もじと　いっしょの　ますに　うちます。

1　くろい　くもが、わっさわっさと　あつまって、
2　どんどん　あめを　ふらせました。

（安藤美紀夫作『けんかした山』より）

マル（。）と　テン（、）の　うちかた

ねん　くみ（　　　　）

【ステップ二―なおす】　つぎの　さく文（ぶん）には　マルと　テンの　うちかたが　まちがっている　ところが　あります。正（ただ）しく　かきなおしましょう。

〈その1〉

ぼくは、きのう、こわいゆめをみました。

➡

〈その2〉

きのうのよる、かぞくではなびをしました
。たのしかったです。

➡

〈その3〉

ぼくはそらをみた。くじらのようなくもが
、ぽっかりとうかんでいた。

➡

マル(°)と テン(´)の うちかた　ねん　くみ(　　　　　　　)

【ステップ三-つくる】　マルと テンの うちかたに 気を つけて たのしく さく文を かきましょう。

だいざい・テーマ①　もしも、(　　　)に なれたら、あなたは どうしますか。

(　)の なかは じぶんの なりたい ものを かんがえましょう。
〈れい〉
とうめいにんげん・おかねもち・サッカーのせんしゅ・じょおうさま
よげんしゃ・はつめいか・せんせい・あかちゃん・スーパーマン

〔かきだしれい〕
ぼくは とうめいにんげんだ。だれも ぼくの ことが みえない。だから、いたずらしても、

だいざい・テーマ②　もしも、(　　　)が ふってきたら、あなたは どうしますか。

(　)の なかは じぶんで かんがえましょう。
〈れい〉
ぶた・やり・うんち・おかね・ケーキ・いし

〔かきだしれい〕
てんきよほうで、あしたは ぶたが ふると いっていた。

だいざい・テーマ③　あなたの かんがえた キャラクターを おしえてください。
(キャラクターの イラストも かくと いいね。)

〔かきだしれい〕
ぼくの かんがえた キャラクターは ドラキュランと いいます。

だいざい・テーマ④　あなたの となりに すわっている ともだちの ことを おしえてください。

〔かきだしれい〕
わたしの となりに すわっているのは やまだたろうくんです。たろうくんは、

だいざい・テーマ⑤　あなたの だいすきな たべものを おしえてください。どうして すきなのか わけも おしえてください。

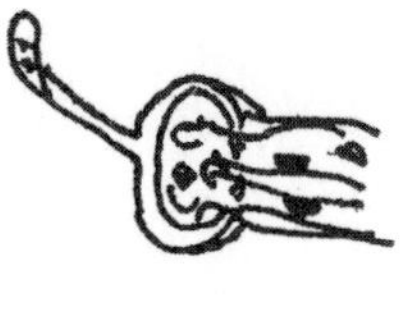

〔かきだしれい〕
わたしの だいすきな たべものは カレーライスです。なぜかというと、

くっつきの「は」の つかいかた

ねん　くみ（　　　　）

【ステップ一―うつす】　つぎの　ことばあそびを　正(ただ)しく　うつしましょう。

1
2
3
4
5

1 さとうは　しろい。
2 しろいは　うさぎ。
3 うさぎは　はねる。
4 はねるは　かえる。
5 かえるは　みどり。

＊「～は」は　まえの　ことばに　くっつくので　〈くっつきの「は」〉と　いいます。

〈つっきの「は」の　つかいかた〉

ねん　くみ（　　　　　　　）

【ステップ二―なおす】　つぎの　文（ぶん）には　おかしな　ところが　あります。正（ただ）しく　かきなおしましょう。

〈その1〉

ぼくわ　おとこのこです。

〈その2〉

ろけっとわ　はやい。

〈その3〉

いぬ　はほえる。

〈その4〉

わ　はまるい。

〈その5〉

ぼくわ　はすれものをしてしまいました。

〈その6〉

あのこわ　はるいこだ。

くっつきの「は」の　つかいかた　　ねん　くみ（　　　　　　）

【ステップ三ーつくる】　くっつきの「は」に　気をつけて　さく文を　かきましょう。

だいざい・テーマ①　ステップ一の　つづきを　かんがえて　かいて　みましょう。「みどりは〜」からです。

〔かきだしれい〕
みどりは　はっぱ。

だいざい・テーマ②　なにかを　みたり　さわったりして　気がついたこと、わかったことを　十こ　かきましょう。（かきだしは、「○○は〜」です。）

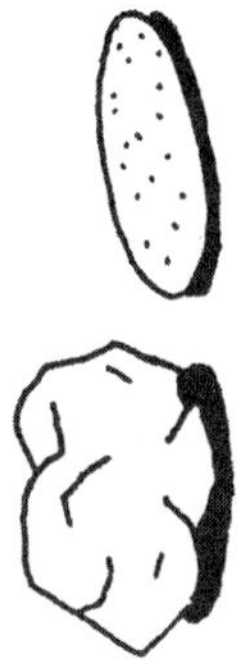

〔れい……いしを　みて〕
①いしは　くろい。
②いしは　かたい。
③いしは　いろいろな　かたちを　している。

だいざい・テーマ③　「わしは　わしだぞ。」のような　しゃれを　たくさん　かんがえて　かいて　みましょう。

だいざい・テーマ④　「わたしは　だれでしょう」クイズを　つくりましょう。

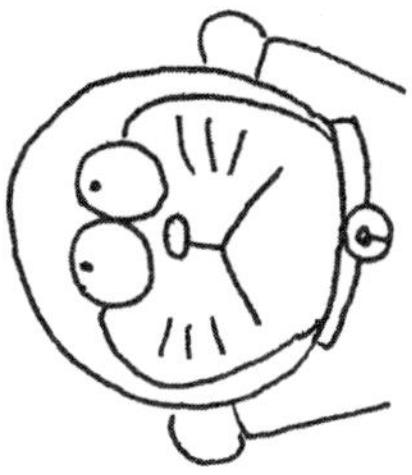

〔れい〕
わたしは　だれでしょう。（もんだい）
わたしは　ねこに　にています。（ヒント1）
わたしは　どらやきが　だいすきです。（ヒント2）
わたしは　ねずみが　きらいです。（ヒント3）
わたしは　ドラえもんです。（こたえ）

くっつきの「を」の　つかいかた

ねん　くみ（　　　　　　　）

【ステップ一―うつす】　つぎの　文（ぶん）しょうを　正（ただ）しく　うつしましょう。

1 2 3 4 5 6 7 8

1　ねずみが　ねこを　ひっぱって、
2　ねこが　いぬを　ひっぱって、
3　まごが　おばあさんを　ひっぱっ
4　て、
5　おばあさんが　おじいさんを　ひ
6　っぱって、
7　おじいさんが　かぶを　ひっぱっ
8　て、

（ロシア民話『おおきな　かぶ』より）

＊「～を」は　まえの　ことばに　くっつくので　〈くっつきの「を」〉と　いいます。

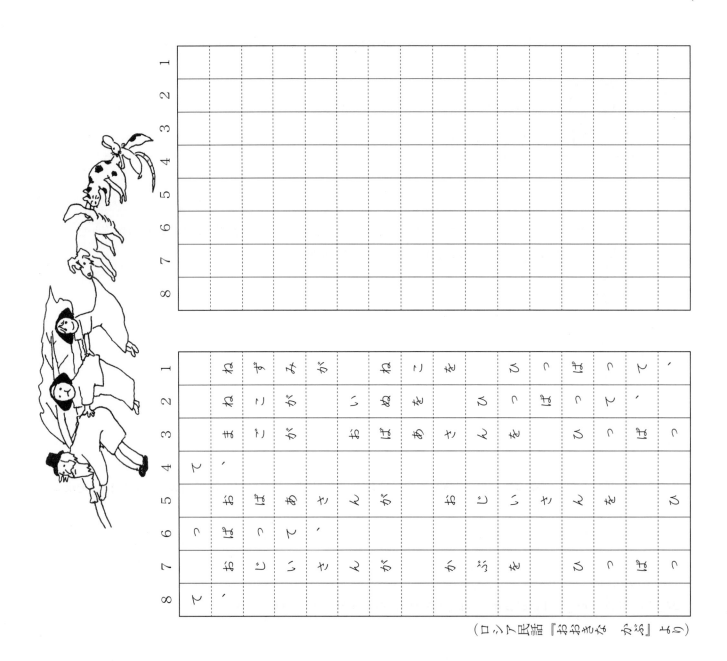

くっつきの「を」の つかいかた

ねん くみ（ ）

【ステップ二ーなおす】 つぎの 文(ぶん)には おかしな ところが あります。正(ただ)しく かきなおしましょう。

〈その1〉

ぼくは おばけお みました。

→

〈その2〉

いぬが ねこお おいかける。

→

〈その3〉

くもが たいよう をかくす。

→

〈その4〉

ねこが かお をなでる。

→

〈その5〉

おとこのひとが かばんお をいた。

→

〈その6〉

ひろしくんは おはしお をとしました。

→

くっつきの「を」の　つかいかた

ねん　くみ（　　　　）

【ステップ三ーつくる】　くっつきの「を」に　気(き)を　つけて　さく文(ぶん)を　かきましょう。

だいざい・テーマ①　〔れい〕の　まねを　して　ことばあそびを　つくりましょう。

〔れい〕
（あ）しを‖　（あ）らう。
（い）ればを‖　（い）れる。
（う）たを‖　（う）たう。
（え）ほんを‖　（え）らぶ。
（お）ばけを‖　（お）どかす。

だいざい・テーマ②　つぎの　えを　みて　サトちゃんが　なにを　どうして　いるのか　かきましょう。

だいざい・テーマ③　「たべたら」という　しの　つづきを　かきましょう。

たべたら
チョコを　たべたら　あまい　あまい
うめぼしを　たべたら　すっぱい　すっぱい
いしを　たべたら　かたい　かたい
〜を　たべたら　＿＿＿＿＿＿

だいざい・テーマ④　つぎの　かんじの　かきじゅんを　かきましょう。

十　二　三　口　目

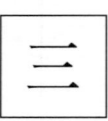

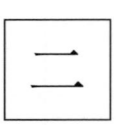

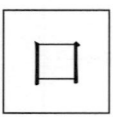

〔かきだしれい〕
まず、よこの　ぼうを　かきます。
つぎに、たての　ぼうを　かきます。

「音（おと）」を さく文（ぶん）に いれよう

ねん　くみ（　　　　　　　　）

【ステップ一－うつす】 つぎの 文（ぶん）は 上（うえ）の まんがを みて かきました。「音（おと）をあらわすことば」を つかって かかれて います。正（ただ）しく うつしましょう。

〈その1〉

1 サトちゃんがうえ木（き）ばちをガシャ
2 ンとわってしまいました。

〈その2〉

1 サトちゃんがおおきいおにいさん
2 にポカッとなぐられました。

〈その3〉

1 サトちゃんがチューチューとゆび
2 をしゃぶりながら本（ほん）をみています。

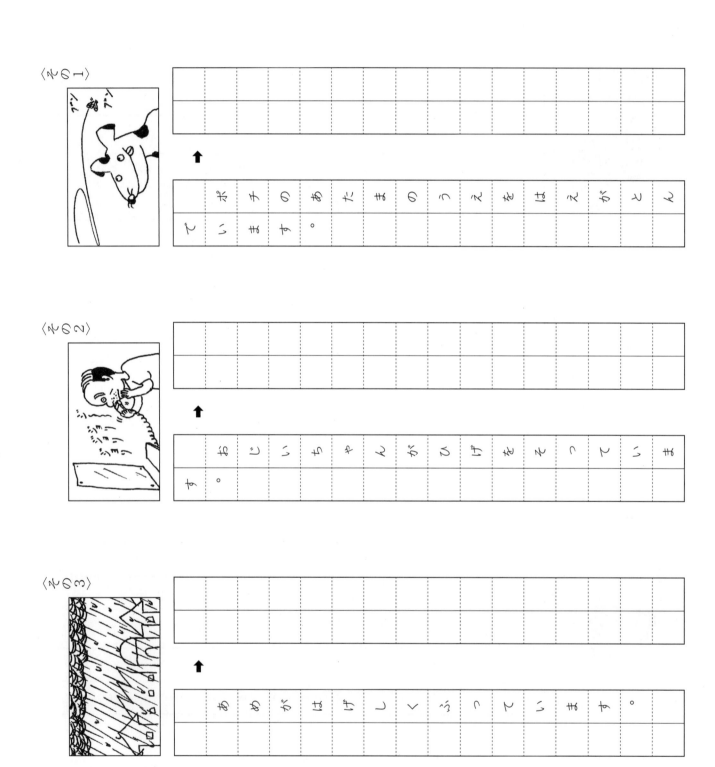

「音（おと）」を　さく文（ぶん）に　いれよう

ねん　くみ（　　　　　　　　）

【ステップニーなおす】　つぎの　文（ぶん）は　上（うえ）の　まんがを　みて　かきました。ところが、「音（おと）をあらわすことば」が　ぬけて　います。正（ただ）しく　かきなおしましょう。

〈その1〉

（　　　　）➡　ポチのあたまのうえをはえがとんでいます。

〈その2〉

（　　　　）➡　おじいちゃんがひげをそっています。

〈その3〉

（　　　　）➡　あめがはげしくふっています。

「音」を　さく文に　いれよう

ねん　くみ（　　　　　　　　）

【ステップ三つくる】　「音」を　つかった　さく文を　かきましょう。

だいざい・テーマ①　うんどうかいの　ときょうそうで、スタートから　ゴールまでの　ようすを　「音をあらわすことば」を　三つ　つかって　かきましょう。

〔かきだしれい〕
「バーン。」
ピストルの　音が　しました。

だいざい・テーマ②　いま、きょうしつに　いて　きこえてくる　音と、その音は　なんの　音なのかを　かきましょう。

〔かきだしれい〕
「コツコツ。」
これは　せんせいが　チョークで　こくばんに　字を　かく　音です。

だいざい・テーマ③　つぎの　「音をあらわすことば」の　なかから　三つを　つかって　「こわいはなし」を　かきましょう。

ギー　ゴトッ　バリーン　ドカッ　ボタン　ヒューッ　バタン　バタバタ　ビシッ

〔かきだしれい〕
ヒューッと　かぜの　音が　きこえた。

だいざい・テーマ④　つぎの　まんがを　「音をあらわすことば」が　三つある　おはなしに　しましょう。

〔かきだしれい〕
ゴロゴロ。おや、ジローくんが　そらを　気に　しています。

だいざい・テーマ⑤　おふろに　はいってから　でるまでの　ようすを　「音をあらわすことば」を　三つ　つかって　かきましょう。

〔かきだしれい〕
ザブーン。わたしは　おふろに　はいりました。

だいざい・テーマ⑥　じぶんだけの　音を　つくって　みましょう。そして、その音を　つかった　さく文を　かいて　みましょう。（あめの　音を　いつも　「ザーザー」と　あらわすのでは　なく「ズワーッズワーッ」と　あらわしたり　します。）

〔かきだしれい〕
ズワーッ、ズワーッ。すごい　あめが　ふって　きました。

たとえることばを　つかおう

ねん　くみ（　　　　　　）

【ステップ１―うつす】　つぎの　しや　文（ぶん）は「～のように」「～のような」という　たとえることばを　つかっています。どんな　ようすか　わかりやすく　なりますね。正（ただ）しく　うつしましょう。

〈その１〉

1
2
3
4
5

「はやくはしる」ことを「ひかり」に　たとえて　います。

1　　　かたつむりのゆめ
2　あのね　ぼく
3　めめのなかでは、ね
4　ひかりのように　はやく
5　はしるんだよ

（工藤直子作『のはらうたⅡ』より）

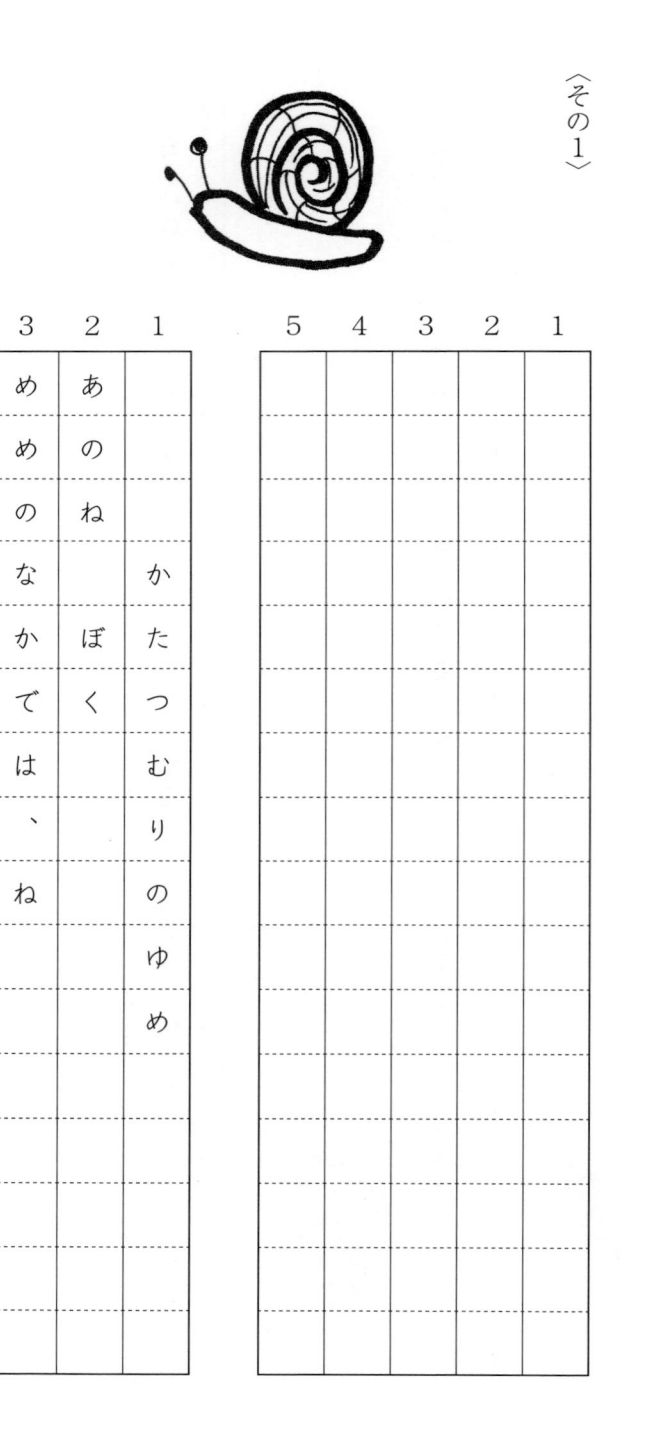

〈その２〉

1
2

「くらげ」を「ゼリー」に　たとえて　います。

1　にじいろのゼリーのようなくらげ
2　……

（レオ＝レオニ作『スイミー』より）

たとえることばを　つかおう

ねん　くみ（　　　　）

【ステップ二―なおす】　ステップ一のように　つぎの　ことばを　なにかに　たとえた　文に　かきなおしましょう。

〔れい〕　「はしる」……「いぬのようにはしる」　「いし」……「おにぎりのようないし」

〈その1〉

① とぶ →

〈その2〉

② なく →

〈その3〉

③ あるく →

〈その4〉

④ こおり →

〈その5〉

⑤ あり →

〈その6〉

⑥ せんせい →

たとえることばを　つかおう　　ねん　くみ（　　　　　　　　　　　）

【ステップ３　つくる】　「〜のように」「〜のような」を　つかった　さく文を　かきましょう。

だいざい・テーマ①　つぎの　ことばを　「〜のような」「〜のように」を　つかって、みたことの　ない　人にも　わかるように　せつめいしましょう。

① えんぴつ　　② おなら
③ カスタネット　　④ スパゲッティ
⑤ こんにゃく　　⑥ あかいろ

〔かきだしれい〕
それは　ながほそくて、ぼうのような　かたちを　して　います。さきは　はりのように　とがって、

だいざい・テーマ②　きょうの　きゅうしょくの　あじを　「〜のような」「〜のように」を　つかって、たべたことの　ない　人にも　あじが　わかるように　せつめいしましょう。

〔かきだしれい〕
きょうの　おかずの　スープは　バターの　ような　あじが　しました。

だいざい・テーマ③　はこの　なかに　なにか　はいっていると　します。手で　さわった　かんじを　「〜のような」「〜のように」を　つかって　せつめいしましょう。

〔かきだしれい〕
それは　すこし　やわらかいです。ボールを　にぎった　ときのような　かんじが　します。

だいざい・テーマ④　ステップ１の　「かたつむりのゆめ」のまねを　した　しを　つくりましょう。（●の　ところを　かえましょう。）

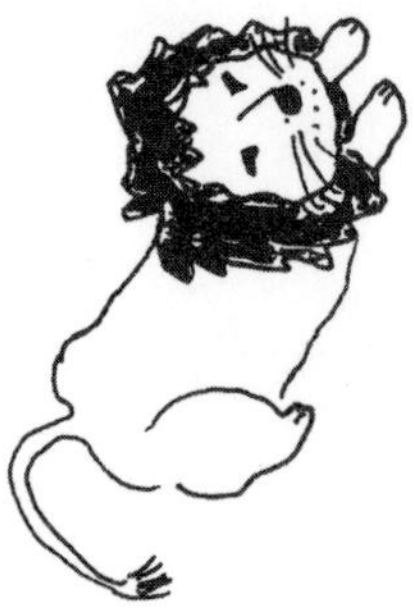

●●●●●のゆめ

あのね　ぼく
ゆめのなかでは、ね
●●●のように　●●●
●●●●●●

〔れい〕
ライオンのゆめ

あのね　ぼく
ゆめのなかでは、ね
こねこのように　とても
かわいがられるんだよ

「音（おと）」から　かきだそう

ねん　くみ（　　　　　　　　　）

【ステップ一ーうつす】　つぎの　文（ぶん）しょうは　さく文（ぶん）の　かきだしです。「音（おと）」や「どうぶつの　なきごえ」で かきだしています。
「なんだろう」と、よむ人（ひと）を　ひきつけますね。正（ただ）しく　うつしましょう。

〈その1〉

「さく、さく、さく、さく。」
「ざく、ざく、ざく、ざく。」
　ぼくとおかあさんの、くさをとる
かまのおとが、しいんとしたあさの
みちに、ひびいていきました。

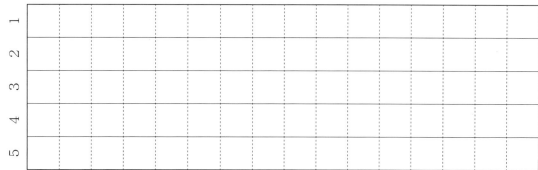

（『小さな親切』作文コンクール入選作より）

〈その2〉

「キョユーン、ワンワン。
　キョユーン、ワンワン。」
　ろくべえがあなにおちているのを、
さいしょに見（み）つけたのは、えいじく
んです。

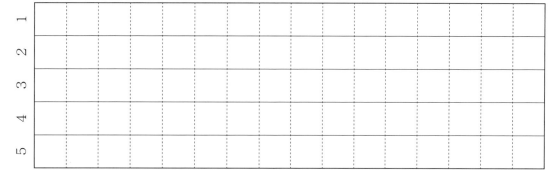

（灰谷健次郎作『ろくべえまってろよ』より）

「音」から　かきだそう

ねん　くみ（　　　　　）

【ステップ二―なおす】　つぎの　さく文を　「音」や　「なきごえ」で　かきだす　さく文に　かきなおしましょう。

〈その1〉

よる、いえの外で音がしました。
「ゴトン。」

➡

〈その2〉

ねこが、
「ニャーオ、ニャーオ。」
と、ないているのがきこえてきました。

➡

「音」から　かきだそう

ねん　くみ（　　　　　　　　　　）

【ステップ３　つくる】　「音」や「なきごえ」で　はじまる　さく文を　かきましょう。

だいざい・テーマ①　つぎの　まんがを「音」で　はじまる　おはなしに　して　みましょう。

まんが１

〔まんが１の　かきだしれい〕
「ポーン。」
　タローくんが　サッカーボールを　けりました。

まんが２

〔まんが２の　かきだしれい〕
「タッタタッタタッタッ。」
　ぼくは　ひかるくんに　バトンを　わたそうとしました。

だいざい・テーマ②　つぎの　音で　かきだす　おもしろい　ものがたりを　かんがえて　かきましょう。

１　バーン　　２　ポタン　　３　ドンドン

〔１の　かきだしれい〕
「バーン」
　ピストルが　なった。みんな　いっしょに　スタートした。
〔２の　かきだしれい〕
「ポタン」
　てんじょうから　みずが　おちてきました。
〔３の　かきだしれい〕
「ドンドン」
と、だれかが　とを　たたいた。

だいざい・テーマ③　つぎの　なきごえで　かきだす　おもしろい　ものがたりを　かんがえて　かきましょう。

１　ヒヒーン　　２　ピッピッ　　３　ギャオース

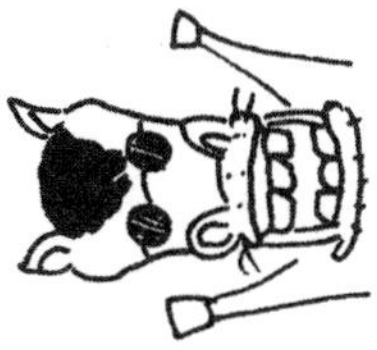

〔１の　かきだしれい〕
「ヒヒーン」
　うまの　レッシーが　大きな　こえで　なきました。
〔２の　かきだしれい〕
「ピッピッ」
　ぼくは　とりの　なきごえで　めを　さましました。
〔３の　かきだしれい〕
「ギャオース」
　ついに　かいじゅう　ギャオスが　すがたを　あらわした。

だいざい・テーマ④　じぶんで　かんがえた　音や　なきごえで　はじまる　ものがたりを　かんがえて　かきましょう。

〔かきだしれい〕
「プヨ〜ッ。」
　ゆるせない。おやじが　また　やった。くさすぎる。

はなしことばから　かきだそう

ねん　くみ（　　　　　）

【ステップ一―うつす】　つぎの　文しょうは　さく文の　かきだしです。「はなしことば」で　かきだしています。「なんだろう」と、よむ人を　ひきつけますね。正しく　うつしましょう。

〈その１〉

1　「きゃあっ。」
2　　おかあさんのひめいが二かいから聞
3　こえてきました。

（作文教材『やもり』日本書籍２上より）

〈その２〉

1　「やあい、やあい、くやしかったら、
2　　つり橋わたって、かけてこい。」
3　　山の子どもたちがはやしました。

（長崎源之助作『つり橋わたれ』より）

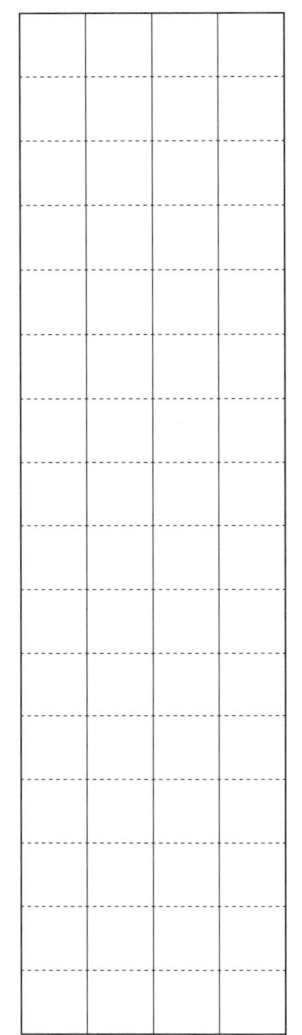

はなしことばから　かきだそう

ねん　くみ（　　　　）

【ステップ二―なおす】　つぎの　さく文を　「はなしことば」で　かきだす　さく文に　かきなおしましょう。

〈その1〉

お父さんが、大きな石をはこんで
います。
「よいしょ、こらしょ。」

〈その2〉

わたしは、
「あそこにひかっているものはなん
だろう。」
と、さけびました。

はなしことばから　かきだそう　　ねん　くみ（　　　　　　　　）

【ステップ１―つくる】　「はなしことば」で　はじまる　さく文を　かきましょう。

だいざい・テーマ①　つぎの　まんがを　「はなしことば」で　はじまる　おはなしに　して　みましょう。

まんが１

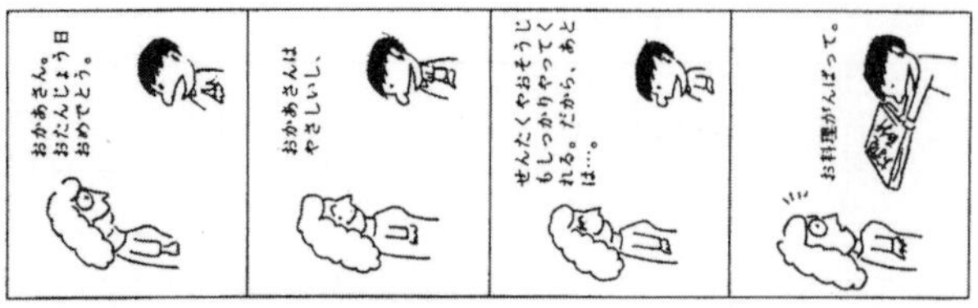

〔まんが１の　かきだしれい〕
「おかあさん。おたんじょう日　おめでとう。」
ぼくは　おかあさんに　いいました。

まんが２

〔まんが２の　かきだしれい〕
「また、とれた！」
タローくんが　うれしそうに　いいました。

だいざい・テーマ②　「あれ？　ここは　どこだ？」で　はじまる　ものがたりを　かんがえて　かきましょう。

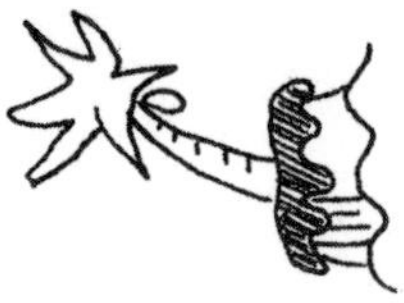

〔かきだしれい〕
「あれ？　ここは　どこだ？」
ぼくは　あたりを　みまわした。どうやら　ここは　むじんとうらしい。

だいざい・テーマ③　「あれは　なんだろう。」で　はじまる　ものがたりを　かんがえて　かきましょう。

〔かきだしれい〕
「あれは　なんだろう。」
トイレの　ドアの　まえに、へんな　くろいものが　ころがっている。

だいざい・テーマ④　「ついに　みつけたぞ。」で　はじまる　ものがたりを　かんがえて　かきましょう。

〔かきだしれい〕
「ついにみつけたぞ。」
ひろしくんは　すこし　こうふんして　いいました。

だいざい・テーマ⑤　じぶんで　かんがえた　「はなしことば」で　はじまる　ものがたりを　かんがえて　かきましょう。

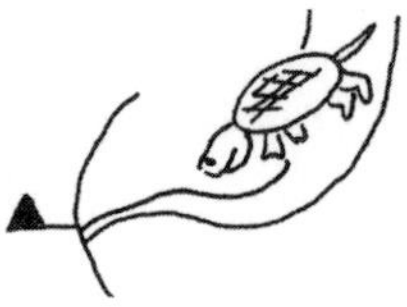

〔かきだしれい〕
「ただいまあ。」
ぼくの　こえに　へんじは　なかった。だれも　いないのか？

じゅんじょよく かこう

ねん　くみ（　　　　　　　）

【ステップ一―うつす】　つぎの　さく文（ぶん）は、上（うえ）の　まんがの　できごとを　じゅんじょよく　かいて　います。正（ただ）しく　うつしましょう。

じゅんじょよく　かく　ために、

「はじめに」
「つぎに」
「それから」
「さいごに」

という　つなぎことばを　つかって　います。

　はじめに、ぼくはねんどをこねて
やわらかくしました。
　つぎに、やわらかくなったねんど
でいっぴきのかいじゅうをつくりま
した。
　それから、いっけんのいえといち
だいのじどうしゃをつくりました。
　さいごに、ぜんぶこわしました。
つくるのもたのしいけど、こわすの
もたのしいです。

じゅんじょよく　かこう

ねん　くみ（　　　　　）

【ステップ二―なおす】　つぎの　さく文(ぶん)は、上(うえ)の　まんがを　みて　かきました。ところが、文(ぶん)の　じゅんじょが　ばらばらです。正(ただ)しい　じゅんじょに　なるように　□に　ばんごうを　つけましょう。正(ただ)しく　つけられたら　かきなおしましょう。

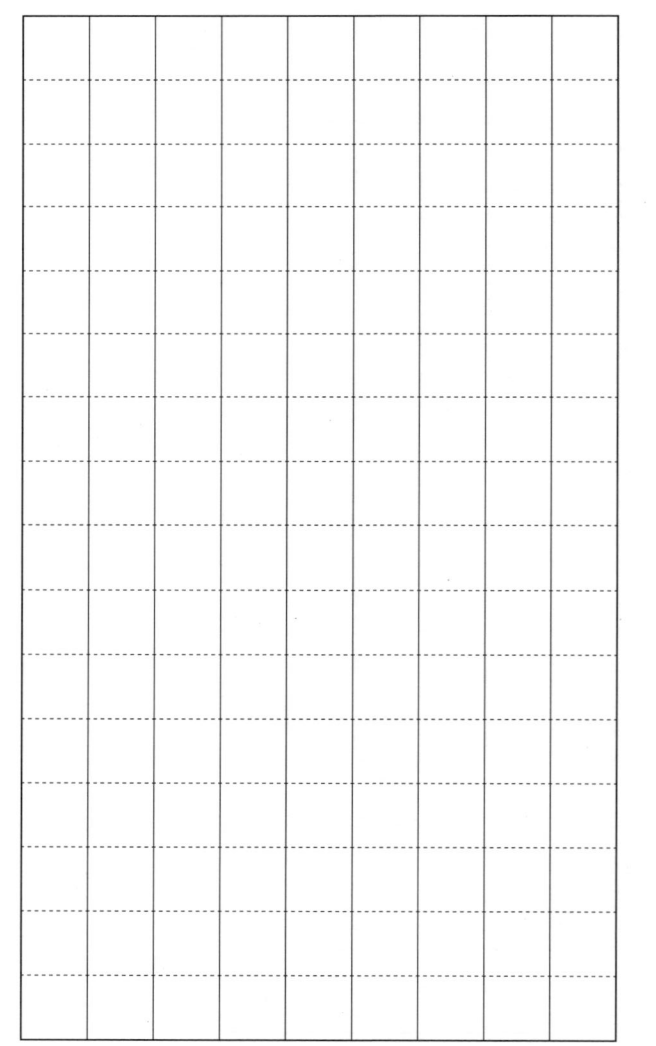

- □ それから、
- □ つぎに、
- □ つみあげたかんといしにボールをなげました。
- □ かんのうえにいしをつみあげました。
- □ さいごに、
- □ ぼくはかんを二(ふた)つつみあげました。
- □ みごとにめいちゅうしました。
- □ ぼくはそのばからたちさりました。
- □ はじめに、

じゅんじょよく かこう

ねん　くみ（　　　　　　　　　　　　　　）

【ステップ３ つくる】　「はじめに」「つぎに」「それから」「さいごに」を つかって じゅんじょの はっきりした さく文を かきましょう。

だいざい・テーマ①　つぎの まんがは じゅんじょが ばらばらです。正しい じゅんじょに なるように □に ばんごうを つけましょう。（二つの まんがから 一つを えらんで ください。）正しい じゅんじょに なおしたら 「はじめに」「つぎに」「それから」「さいごに」を つかって まんがを さく文に しましょう。（「ぼくは」「わたしは」で かきましょう。）

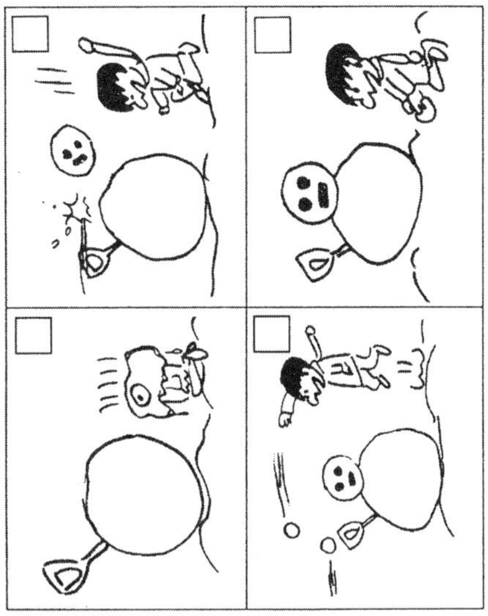

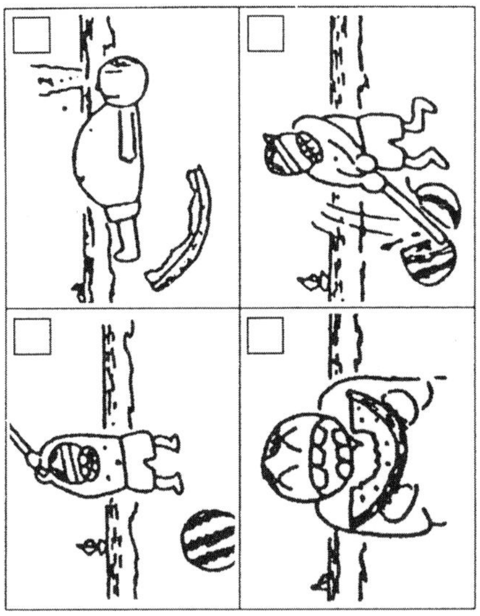

だいざい・テーマ②　せいかつかや ずこうの べんきょうで つくった もの（おめん・ロボットなど）のなかから 一つを えらんで、「はじめに」「つぎに」「それから」「さいごに」を つかって どうやって つくったのか おしえてください。

〔かきだしれい〕
ぼくは ずこうの じかんに おにの おめんを つくりました。
はじめに、がようしに おにの えを かきました。
つぎに、クレヨンで いろを ぬりました。

だいざい・テーマ③　あなたが あさ おきてから いえを でるまでに した ことを「はじめに」「つぎに」「それから」「さいごに」を つかって おしえてください。

〔かきだしれい〕
ぼくは あさ おきたら、はじめに、おしっこに いきます。
つぎに、かおを あらいます。

だいざい・テーマ④　先生の した ことを「はじめに」「つぎに」「それから」「さいごに」を つかった さく文に して みましょう。

〔かきだしれい〕
はじめに、先生は きょうしつの ドアを あけました。
つぎに、
「おはよう。」
と、おおきな こえで あいさつしました。

からだを　つかって　かこう

ねん　くみ（　　　　　）

【ステップ一―うつす】　つぎの　さく文は　ものの　ようすを　からだ（目・手・口・はな・耳など）を　つかって　かいた　文です。正しく　うつしましょう。

〈その１〉

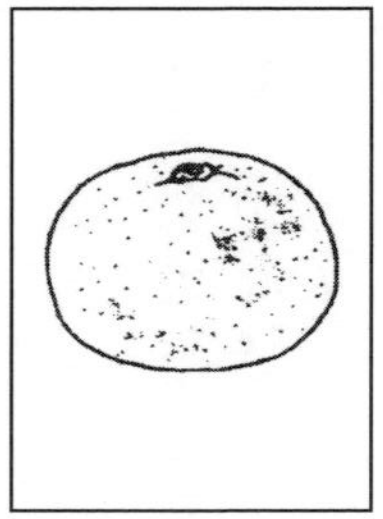

ここになつみかんがあります。

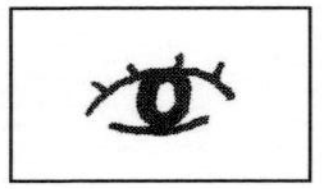

・かたち
・いろ
・大きさ
・かず

ここにきいろいなつみかんがあります。

・つるつる
・ざらざら
・かたい
・やわらかい
・つめたい
・あつい

ここにすべすべするなつみかんがあります。

・あまい
・からい
・しょっぱい
・すっぱい
・にがい

ここにすっぱいなつみかんがあります。

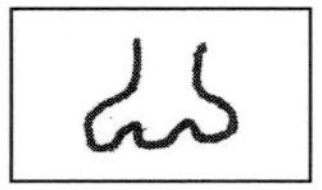

・いいにおい
・くさい
・～のようなにおい

ここにいいにおいのなつみかんがあります。

〈その２〉

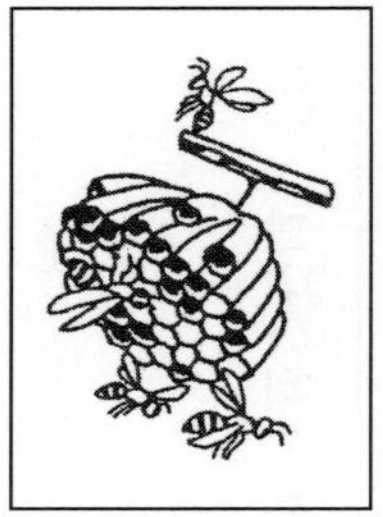

ハチがとんでいます。

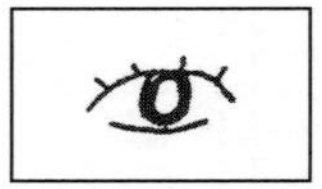

・かたち
・いろ
・大きさ
・かず

ちいさなハチがとんでいます。

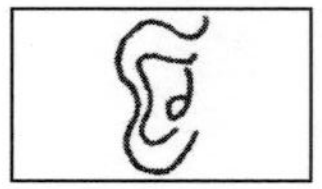

・ガチャン
・ダンダン
・大きい音
・小さい音
・～のような音

ブンブン音のするハチがとんでいます。

からだを　つかって　かこう

ねん　くみ（　　　　　　）

【ステップ二ーなおす】　つぎの　さく文（ぶん）を　からだ（目（め）・手（て）・口（くち）・はな・耳（みみ）など）を　つかって　かいた　さく文（ぶん）に　かきなおしましょう。

〈その1〉

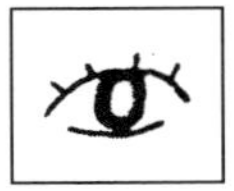

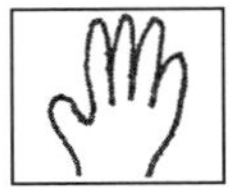

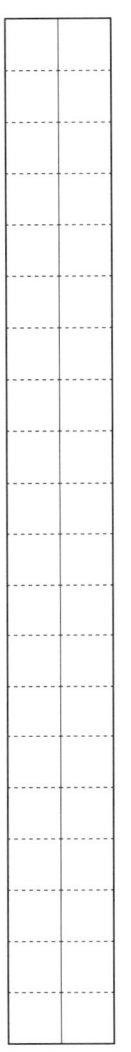

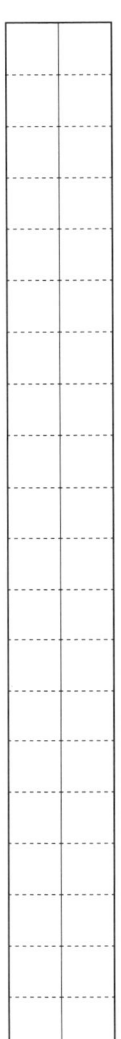

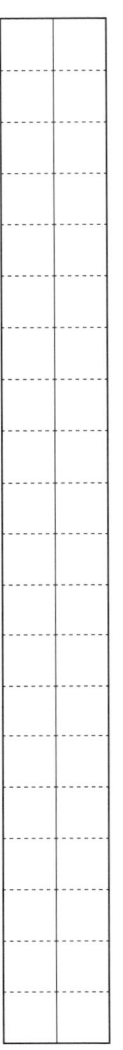

ぼくはソフトクリームをたべました。

〈その2〉

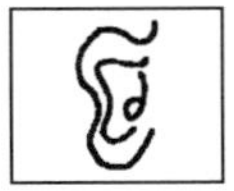

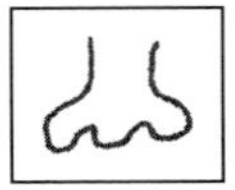

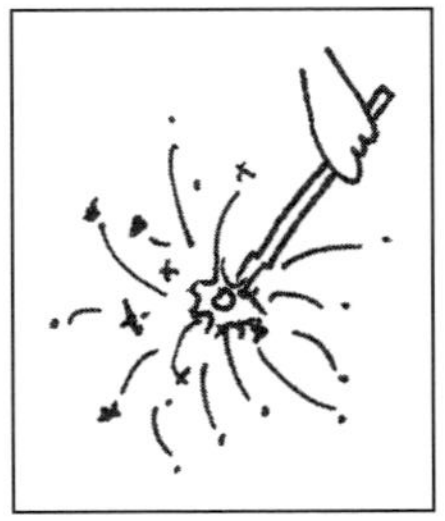

いま、はなびをしています。

からだを　つかって　かこう

ねん　くみ（　　　　　）

【ステップ三—つくる】　からだ（目・手・口・はな・耳など）を　つかった　さく文を　かきましょう。

だいざい・テーマ①　つぎの　えの　ようすを　からだ（目・手・口・はな・耳など）を　つかって　かきましょう。

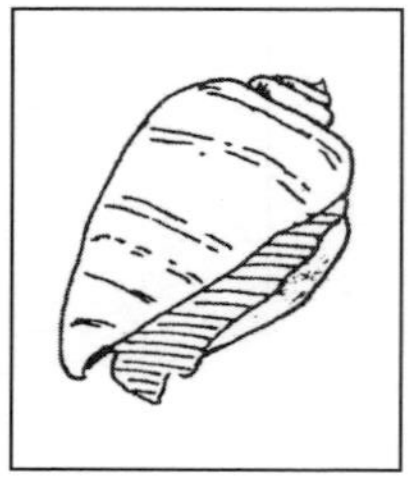

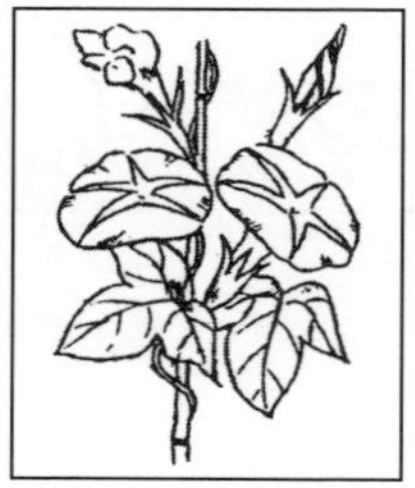

だいざい・テーマ②　「これは　なんでしょう?」クイズを　つくりましょう。〔れい〕を　みて　かんがえましょう。

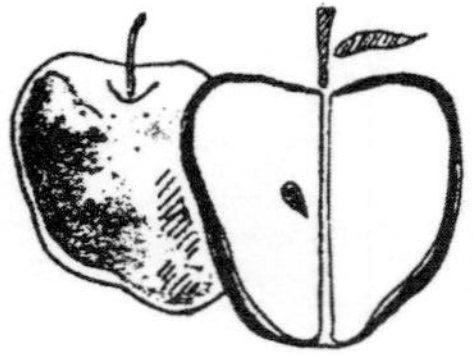

〔れい〕

これは　なんでしょう。（もんだい）
これは　あかいです。（ヒント1——）
これは　あまいです。（ヒント2——）
これは　つるつるしています。（ヒント3——）
これは　いいにおいが　します。（ヒント4——）
これは　りんごです。（こたえ）

だいざい・テーマ③　じぶんが　いま、もっている　ものの　ようすを　からだ（目・手・口・はな・耳など）を　つかって　かきましょう。（えんぴつ・けしゴム・じょうぎ　など）

〔れい〕

ここに　ほそながい　えんぴつが　あります。（　）
すこし　きの　においが　します。（　）

だいざい・テーマ④　じぶんが　かんさつした　むしや　はなの　ようすを　からだ（目・手・口・はな・耳など）を　つかって　かきましょう。

〔かきだしれい〕

この　はなは　きいろです。（　）
とっても　よい　においが　します。（　）

だいざい・テーマ⑤　つぎの　やさいに　目や　口を　つけて　じぶんで　かんがえた　キャラクターを　かきましょう。（なまえも　つけましょう。）
かけたら　どんな　キャラクターなのか　からだ（目・手・口・はな・耳など）を　つかって　おはなし　しましょう。

なまえ

なまえ

なまえ

〔かきだしれい〕

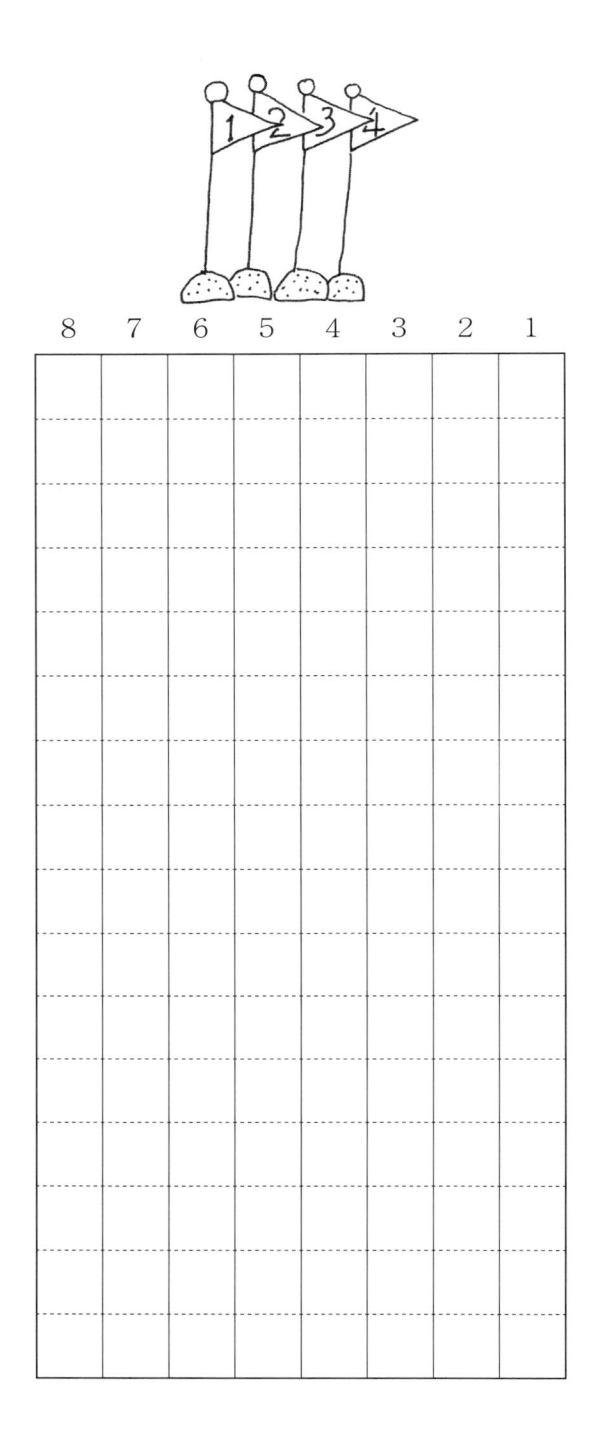

ダンピンは　つのが　ながいです。（　）　ギャーン　ギャーンと　なきます。（　）

いつ・どこで・だれが・なにをする？

ねん　くみ（　　　　　　　　　　）

【ステップ一―うつす】　つぎの　さく文(ぶん)は　うんどうかいの　しょうたいじょうです。正(ただ)しく　うつしましょう。

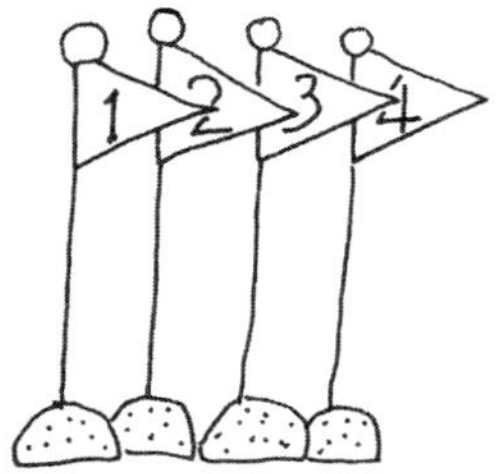

1
2
3
4
5
6
7
8

だれに？ ➡ 1　おかあさんへ

いつ？ ➡ 2　十(じゅう)月(がつ)一(つい)日(たち)の八(はち)じから二(に)じまで、う

3　んどうかいがあります。

どこで？ ➡ 4　ばしょはがっこうのこうていです。

だれがなにを ➡ 5　ぼくはときょうそうとあわおどり

するの？ 6　をやります。

おねがいする。 ➡ 7　みにきてくださいね。

だれから？ ➡ 8　ひろしより。

＊　しょうたいじょうは、「いつ」「どこで」「だれが」「なにをする」のかを　かくと、あいてに　わかりやすくなります。

いつ・どこで・だれが・なにをする？

ねん　くみ（　　　　　　　　）

【ステップ二―なおす】

つぎの　さく文（ぶん）は　がくげいかいの　しょうたいじょうです。ところが、たいせつな　ことが　かいて　ないので　わからない　ことが　あります。
上（うえ）の　がくげいかいの　ポスターを　みて　わかりやすい　しょうたいじょうに　かきなおしましょう。

おかあさんへ
がくげいかいをやります。
ぼくたちは「はだかのおうさま」
というげきをします。
みにきてください。

いつ・どこで・だれが・なにをする？　ねん　くみ（　　　　）

【ステップ三ーつくる】　「いつ」「どこで」「だれが」「なにをする」のか　わかるように　さく文（ぶん）を　かきましょう。

だいざい・テーマ①　つぎの □ の　なかから　すきな　ぎょうじを　えらんで　しょうたいじょうを　かきましょう。

(1) じゅぎょうさんかん
(2) うんどうかい
(3) てんらんかい
(4) がくげいかい
(5) あなたの　おたんじょうかい
(6) ならいごとの　はっぴょうかい（ピアノなど）
(7) サッカーや　やきゅうの　しあい

だいざい・テーマ②　あなたの　おもいでに　のこっている　しゃしんを　よういしましょう。そして「いつ」「どこで」「だれが」「なにをしている」しゃしんなのか　かきましょう。

〔れい〕
このしゃしんは　きょねんの　なつやすみ、ちかくの　プールで　とった　しゃしんです。
ぼくが　みずの　なかで　うきわに　つかまって　あそんでいます。

だいざい・テーマ③　あなたは　いんちきうらないしです。おきゃくさんの　みらいを　うらなって　みましょう。（おもしろい　うらないを　しましょう。）

〔れい〕
わたしは、うらないしである。
あなたの　しょうらいを　うらなってみよう。
三（さん）ねんご　きょうかいで　あなたは　けっこんするでしょう。

だいざい・テーマ④　がっこうや　がっきゅうで　おきた　できごとを　ニュースに　して　みましょう。

〔かきだしれい〕
きのう、こうていで、さとうくんが　ころんで　あしを　けがしました。

中学年の作文ワーク

頭と足のある文にしよう

年　組（　　　　　　）

【ステップ一―うつす】　文には頭〔何（だれ）が・何（だれ）は〕と足〔どうする。・どうした。・どんなだ。・何だ。〕があります。次の例文は頭も足もあるよい文です。正しくうつしましょう。

〈その1〉

ぼくは（頭）バタバタとろうかをはしりました。（足）

〈その2〉

男の子が（頭）道ばたでおいおいないています。（足）

〈その3〉

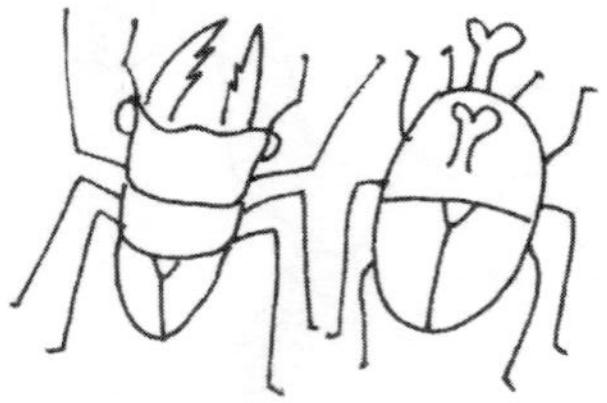

カブトムシは（頭）クワガタをなげとばす。（足）

〈その4〉

風が（頭）ゴーッと強くふきぬけた。（足）

＊　文の頭〔何（だれ）が・何（だれ）は〕を主語（しゅご）といいます。

＊　文の足〔どうする。・どうした。・どんなだ。・何だ。〕を述語（じゅつご）といいます。

頭と足のある文にしよう

年　組（　　　　　）

【ステップ二ーなおす】 次の三つの言葉を一つの文に書きなおしましょう。その時、頭（主語）と足（述語）のある文にしましょう。

〔例〕 おふろ　体　あらう
⬇「ぼくはおふろで体をあらいました。」
⬇「お父さんがおふろで体をあらっています。」

〈その1〉

どんぐり　どっさり　あつめる ➡

〈その2〉

プール　ブクブク　しずむ ➡

〈その3〉

風　ヒューヒュー　おちば ➡

〈その4〉

よる　トイレ　びくびく ➡

〈その5〉

しゅくだい　たくさん　しぶしぶ ➡

頭と足のある文にしよう

年　組（　　　　　　）

【ステップ三―つくる】　頭（主語）と足（述語）のある文で一文作文を書きましょう。

題材・テーマ①　運動会（展覧会・学芸会など）の感想を一文で書きましょう。

題材・テーマ②　春（夏・秋・冬）だなと感じるのはどんなときか一文で書きましょう。

題材・テーマ③　友だち（○○君・●●さん）のよいところを一文で書きましょう。

題材・テーマ④　きのうのいまごろ、あなたは何をしていたのか一文で書きましょう。

題材・テーマ⑤　あしたのいまごろ、あなたは何をしているか一文で書きましょう。

題材・テーマ⑥　あなたのお父さん（お母さん）はどんな人なのか一文で書きましょう。

題材・テーマ⑦　自分の学級がどんな学級か一文で書きましょう。

題材・テーマ⑧　だじゃれを考えて一文で書きましょう。

題材・テーマ⑨　今日の先生の様子を一文で書きましょう。

題材・テーマ⑩　あなたの好きなタイプを一文で書きましょう。

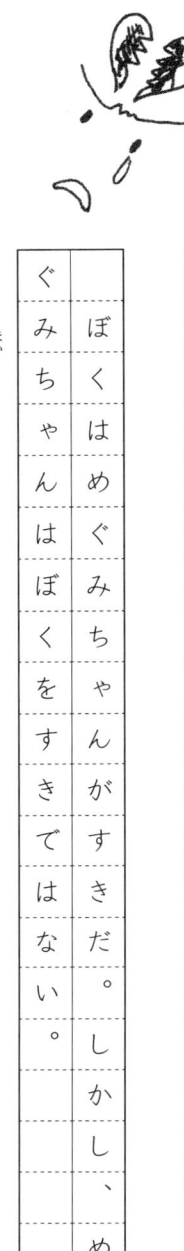

つなぎ言葉を使おう

年　組（　　　　　　）

【ステップ一―うつす】　次の文章は二つの文を「つなぎ言葉」でつないでいます。正しくうつしましょう。

〈その１〉

ぼくはめぐみちゃんがすきだ。しかし、めぐみちゃんはぼくをすきではない。

＊　つなぎ言葉は「しかし」の他に「けれども」「が」「だが」「ところが」などでもよいです。

〈その２〉

冬が来た。だから、風がつめたくなった。

＊　つなぎ言葉は「だから」の他に「すると」「したがって」「そこで」「それで」などでもよいです。

〈その３〉

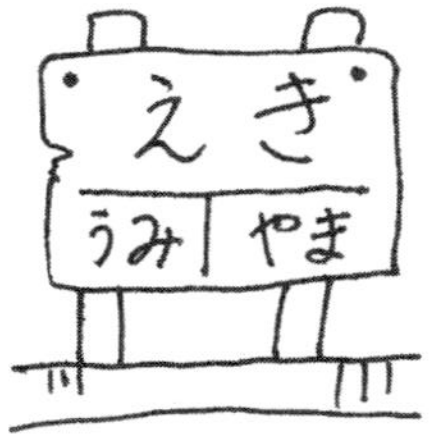

わたしは海に行った。それに、山にも行った。

＊　つなぎ言葉は「それに」の他に「そして」「それから」「また」「さらに」「しかも」などでもよいです。

〈その４〉

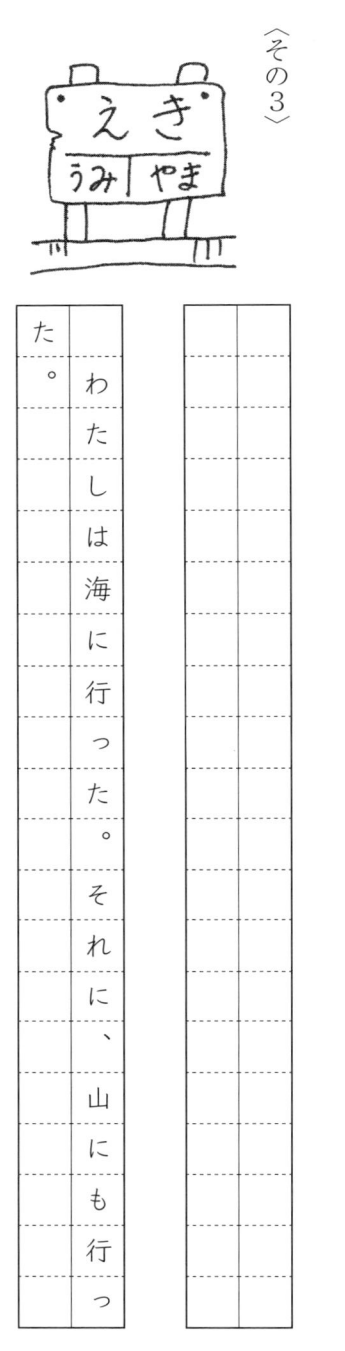

ぼくはおこった。なぜなら、うそをつかれたからだ。

つなぎ言葉を使おう

年　組（　　　　　）

【ステップ二―なおす】　次の文章に「つなぎ言葉」を入れて書きなおしましょう。

〈その1〉

今日はよい天気だ。ぼくは部屋にとじこもっていた。

〈その2〉

お皿がわれた。大きな音がした。

〈その3〉

あの子はとてもやさしい。とてもかわいい。

〈その4〉

父が顔をしかめている。歯がいたいのだ。

つなぎ言葉を使おう

年　組（　　　　　　　　）

【ステップ三—つくる】　「つなぎ言葉」を使った二文作文を書きましょう。

題材・テーマ①　「しかし」「けれども」「が」「だが」「ところが」のどれかを使って書きましょう。

題材・テーマ②　「だから」「すると」「したがって」「そこで」「それで」のどれかを使って書きましょう。

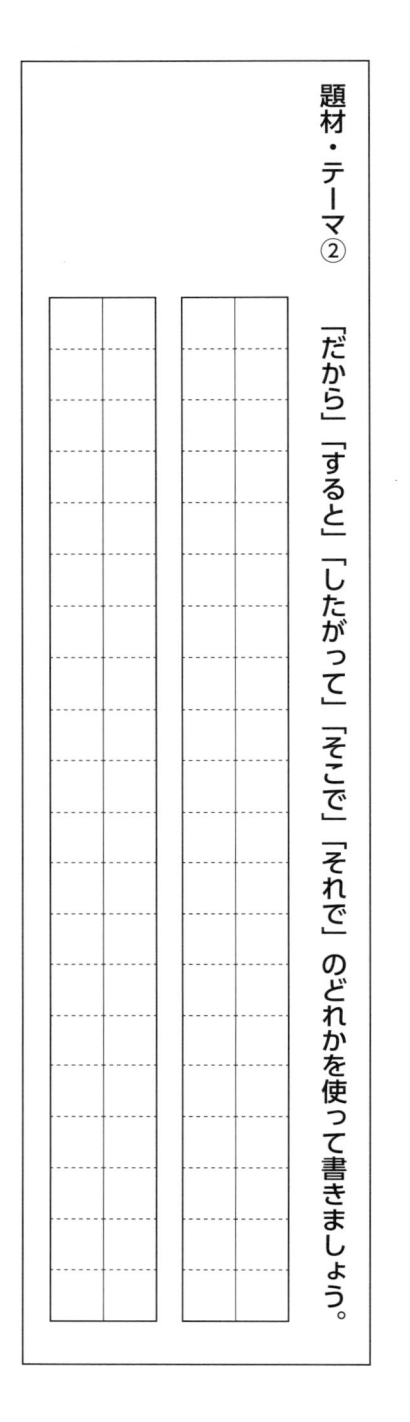

題材・テーマ③　「それに」「そして」「それから」「また」「さらに」「しかも」のどれかを使って書きましょう。

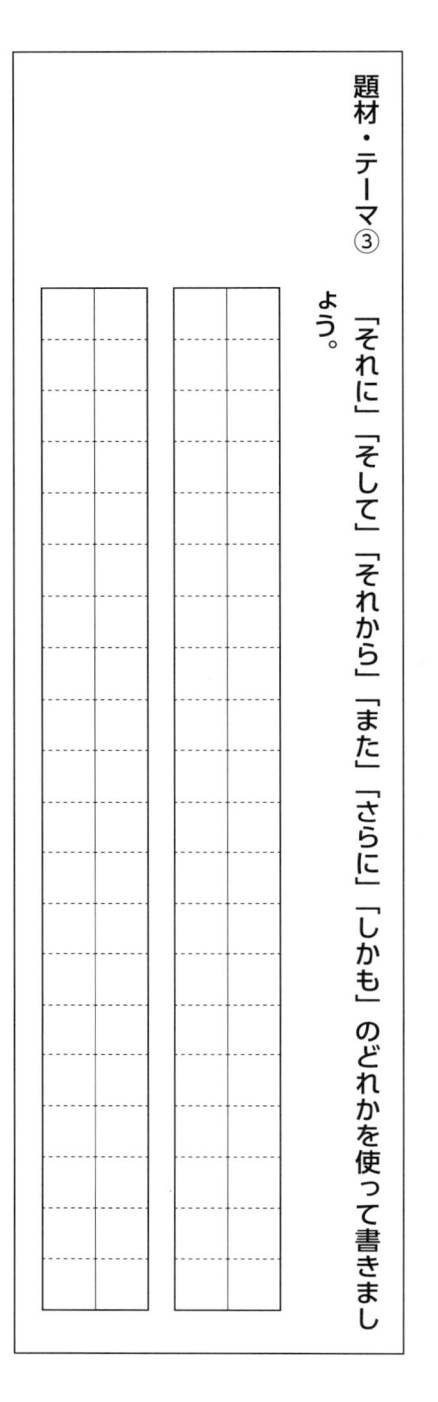

題材・テーマ④　「なぜなら」を使って書きましょう。

一つの文を短くしよう

年　組（　　　　　）

【ステップ一―うつす】　一つの文をなるべく短く書くとわかりやすい作文になります。次の文は一つの文を二つの文に分けて短くしています。正しくうつしましょう。（二つの文にした方をうつします。）

〈その1〉

ぼくはともだちからセーターをプレゼントしてもらったが、うれしくなかった。

文と文を「しかし」でつないでいます。

ぼくはともだちからセーターをプレゼントしてもらった。しかし、うれしくなかった。

〈その2〉

ぼくはおなかがすいたので、ラーメンやさんに行った。

文と文を「だから」でつないでいます。

ぼくはおなかがすいた。だから、ラーメンやさんに行った。

〈その3〉

わたしは犬をかっているし、ねこもかっている。

文と文を「それに」でつないでいます。

わたしは犬をかっている。それに、ねこもかっている。

〈その4〉

お父さんがおこったのは、ぼくがいたずらをしたからだ。

文と文を「なぜなら」でつないでいます。

お父さんがおこった。なぜなら、ぼくがいたずらをしたからだ。

一つの文を短(みじか)くしよう

年　組（　　　　　　　）

【ステップ二―なおす】　ステップ一の文を参考(さんこう)にして、次(つぎ)の文を二つの文に書きなおしましょう。（文と文をつなぐ言葉(ことば)を入れましょう。）

〈その1〉

うちゅう人はいるとしんじている人がいるが、それはおかしい。

➡

〈その2〉

どうぶつえんのさるにえさをやったら、しいく係(がかり)の人にしかられた。

➡

〈その3〉

まさき君はゆうや君の意見(いけん)が正しいと思っているし、ぼくもそう思っている。

➡

〈その4〉

ひろしがびっくりしたのは、きゅうにうさぎがとび出したからである。

➡

一つの文を短くしよう

年　組（　　　　　）

【ステップ三―つくる】　一つの文がげんこう用紙の二行以内（四十字以内）になるように二百字ていどで書きましょう。

題材・テーマ①　**次の文と文をつなぐことばを使ってラブレターを書きましょう。**

しかし、　だから、　それに、　なぜなら、

〔書き出し例〕
ひろしさん。わたしはあなたのことをあいしています。なぜなら、あなたは……

題材・テーマ②　**「友だちに好かれる三つの方法」を考えて書きましょう。**

〔書き出し例〕
友だちに好かれるには次の三つの方法を実行すればよい。

題材・テーマ③　**じこしょうかいを次の書き出しで書きましょう。**

この人の名前は○○○○○（自分の名前）である。

（自分のことをほかの友だちがしょうかいするように書きます。）

〔書き出し例〕
この人の名前はむらのさとし君である。むらの君はクラスの人気者である。

題材・テーマ④　**犬を見たことのない人にも、犬がどんなものかわかるように説明しましょう。（犬ではなくて、次のようなものでもおもしろい。「サル」「地球」「男」「海」）**

〔書き出し例〕
これから犬というものがどんなものか説明していきます。犬は四本の足で立ちます。

題材・テーマ⑤　**はんにんがお店に立てこもっています。きんぱくしたじょうきょうをじっきょうちゅうけいしてください。**

〔書き出し例〕
りんじニュースです。東京都青梅市のスーパーにほうちょうを持った男がたてこもり……

だんらくのある作文を書こう

年　組（　　　　　　　　　　）

【ステップ一―うつす】　次（つぎ）の作文は上のまんがを見て書きました。三つのだんらく（意味（いみ）のまとまり）からできています。一コマ一だんらくになっています。正しく書きうつしましょう。

1 ●きのう、野球のしあいをしました。
2 あいてチームのせんしゅが大きなあ
3 たりをとばしました。ボールはぐん
4 ぐんとんでいきました。
5 ●ボールは草むらの中にとびこみま
6 した。ぼくは草むらのあちこちら
7 をさがしました。しかし、ボールは
8 みつかりません。
9 ●すると、一ぴきの犬がとび出しま
10 した。よく見ると、犬はボールをく
11 わえていました。犬はどんどんにげ
12 ていきました。

だんらくの一マス目はあけます。➡ 1 ●

2

3

4

だんらくの一マス目はあけます。➡ 5 ●

6

7

8

だんらくの一マス目はあけます。➡ 9 ●

10

11

12

だんらくのある作文を書こう

年　組（　　　　　　）

【ステップ二―なおす】　次の作文は上のまんがを見て書きました。ところが、「だんらく」がありません。三だんらくの作文に書きなおしましょう。

ぼくはサッカーボールであそんでいた。思いきりボールをけった。ぼくは思わず、「はいった！」と大きな声でさけんでしまった。じつは、ボールがはいったのはサッカーゴールではなかった。なんと、女の子の持っていた虫とりあみの中にボールがはいったのだった。

だんらくのある作文を書こう

年　組（　　　　　　　　）

【ステップ三一つくる】　だんらくのある作文を書きましょう。

題材・テーマ①　次のまんがを一コマ一だんらくの作文にしましょう。

題材・テーマ②　自分で四コマまんがをかいて、一コマ一だんらくの作文にしましょう。

題材・テーマ③　あなたの家族のしょうかいをしましょう。一人分一だんらくの作文にしましょう。

〔書き出し例〕
ぼくの家族をしょうかいします。

題材・テーマ④　今日の給食について、食べる前のこと、食べているときのこと、食べ終わったときのことの三つのだんらくに分けて書きましょう。

〔書き出し例〕
「今日の給食は何だろう。」ぼくは食べる前にこう考えていた。

常体と敬体を使い分けよう

年　組（　　　　）

【ステップ1―うつす】　次の例文を――のちがいに注意しながら正しくうつしましょう。

例文1のように、「〜だ」（〜である）というやや強い書き方を〔常体〕といいます。

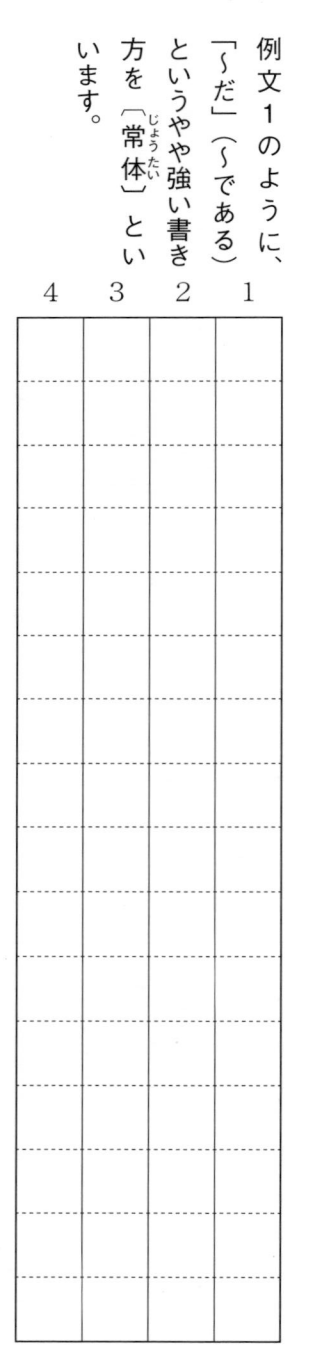

〈例文1〉

ことしも、残雪は、ガンのむれを
ひきいて、ぬま地にやってきた。
残雪というのは、一羽のガンにつ
けられた名前だ。

例文2のように、「〜です」（〜ます）というていねいな書き方を〔敬体〕といいます。

〈例文2〉

ことしも、残雪は、ガンのむれを
ひきいて、ぬま地にやってきました。
残雪というのは、一羽のガンにつ
けられた名前です。

（椋　鳩十作『大造じいさんとガン』より）

ふつう、作文は常体か敬体かどちらかだけで書いていきます。

常体と敬体を使い分けよう

年　組（　　　）

【ステップ二―なおす】

次の例文を常体は敬体に、敬体は常体に書きなおしましょう。

①わたしががまんする。→

②ぼくが山田です。→

③ここは京都だ。→

④わたしが案内します。→

⑤作文の大切さがわかりました。→

⑥そのロボットはあわてものだった。→

⑦ぼくは勉強をやめた。→

⑧明日は雪でしょう。→

常体と敬体を使い分けよう

年　組（　　　　）

【ステップ三―つくる】　常体か敬体かどちらかに決めて作文を書きましょう。

題材・テーマ①　むかしの友だちや遠くにすむ親せきの人に手紙を書いて自分の様子をつたえましょう。（敬体の文章）

〔書き出し例〕
おじいちゃん、お元気ですか。私は元気です。私は今、あみものにむちゅうです。

題材・テーマ②　「今日のうそニュース」をテレビアナウンサーが話すように書きましょう。（敬体の文章）

〔書き出し例〕
こんにちは。お昼のニュースをお伝えします。今日の午前十時ごろ、東京都青梅市の……

題材・テーマ③　友だちの「けっこん式のスピーチ」のげんこうを書きましょう。（敬体の文章）

〔書き出し例〕
ひろし君、あきこさん、ごけっこん、おめでとうございます。私は、ひろし君と小学校の時、

題材・テーマ④　「私はこの国の（女）王様である。」という書き出しで「王様なりきり作文」を書きましょう（常体の文章）

〔書き出し例〕
私はこの国の王様である。国民はみな、私の言うことを聞かなくてはならない。いいか。

題材・テーマ⑤　自分のじまん話を強気なたいどで書きましょう。（常体の文章）

〔書き出し例〕
オレ様のじまん話を聞かせてやる。よく聞いておけ。オレ様のじまんはマンガをたくさん

題材・テーマ⑥　血もこおるようなこわい話を書きましょう。（常体の文章）

〔書き出し例〕
その夜は、いつもより寒かった。月も出ていない。あたりはまっくらだ。

まるで人間のように書こう

年　組（　　　　　　）

【ステップ一ーうつす】　次の作文は人間でないものをまるで人間であるかのように書いています。正しくうつしましょう。

〈その1〉

「湯気」「木の葉」「今日」をまるで人間が「さよなら」しているかのように書いています。

1　湯気がコップにさよならする
2　木の葉が枝にさよならする
3　今日があしたにさよならする

（原田直友作『またね』より部分引用）

〈その2〉

「大木」をまるで人間であるかのように書いています。「わたしは」と書くことで書き手が「大木」になりきっています。

1　大木
2　わたしは　どこにもいけないから
3　上へ歩いた

（原田直友作『大木』より部分引用）

人間でないものをまるで人間であるかのように書く書き方を「擬人法」と言います。

まるで人間のように書こう

年　組（　　　　　　）

【ステップ二―なおす】　次の文を擬人法を使って書きなおしてみましょう。

（例）星がかがやいている。 ➡ 星がまばたきしている。

① 電話がなっている。 ➡

② ボールが転がっている。 ➡

③ 雪がふっている。 ➡

④ こまが回っている。 ➡

まるで人間のように書こう

年　組（　　　　　）

【ステップ三―つくる】　擬人法を使った作文を書きましょう。

題材・テーマ①　「ぼく（わたし）は○○○です。」という書き出しで、なりきり作文を書きましょう。
（○○○には「えんぴつ」「消しゴム」など、人間ではないものが入ります。）

〔書き出し例〕
ぼくは消しゴムです。ぼくは消しゴム工場でたんじょうしました。そして、工場用のトラックで運ばれ、

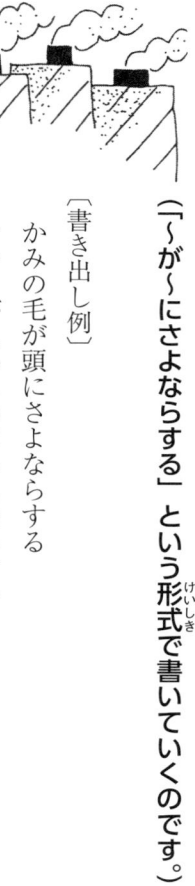

題材・テーマ②　ステップ一の「またね」の続きを考えて書きましょう。
（「～が～にさよならする」という形式で書いていくのです。）

〔書き出し例〕
かみの毛が頭にさよならする
けむりがえんとつにさよならする

題材・テーマ③　○○○にインタビューしましょう。
（○○○には、ふつうはしゃべることのできないものが入ります。）

〔書き出し例〕
「今日はピーマンさんにインタビューしてみましょう。ピーマンさんの苦労は何ですか。」
「わしの苦労は何といっても、きらわれ者だということじゃよ。」

題材・テーマ④　はげしい台風の様子を擬人法を使って表現してみましょう。
（風のはげしさ、雨のはげしさなど）

〔書き出し例〕
台風がとうとうやってきた。風が植木ばちをふっとばし、たくさんの木をなぎたおす。

題材・テーマ⑤　あなたは動物園のさるです。さるから見た人間の様子を説明しましょう。

〔書き出し例〕
わたしは動物園のさるである。人間はなんてのんびりしているのだろう。わたしを見てよろこんでいる。

はてな？　から書き出そう

年　組（　　　　　　　　）

【ステップ一—うつす】次の文章は作文の書き出しです。「〜でしょうか。」「〜だろうか。」という「はてな？」（ぎ問文）から書き出していて、読み手をひきつけます。正しくうつしましょう。

〈その1〉

1 　こんどの夏休み、わたしはどこへ
2 行くのでしょうか。
3 　じつは、ハワイへ行くのです。今
4 からとてもたのしみです。

（書き写し用のます目：1〜4行）

〈その2〉

1 　先生はどんな人なのだろうか。
2 　先生はやさしい人である。

（書き写し用のます目：1〜2行）

はてな？　から書き出そう

年　組（　　　　　）

【ステップ二―なおす】 次(つぎ)の作文の書き出しを「はてな？」（ぎ問(もん)文）で始(はじ)まるように書きなおしましょう。

〈その1〉

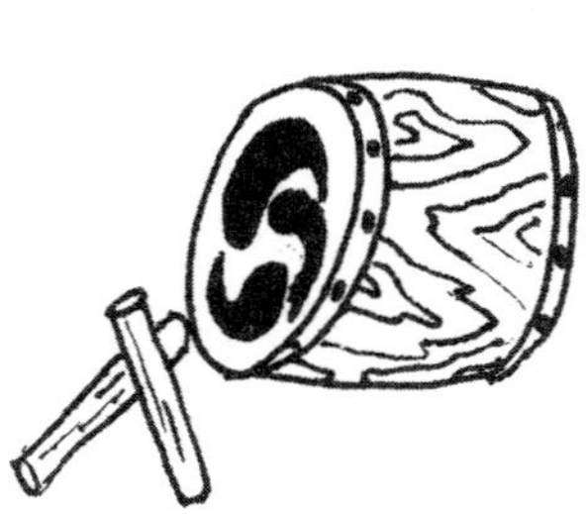

ぼくのたからものはおじいちゃんからもらった「たいこ」です。

↓

〈その2〉

友だちのひろし君はとても元気な男の子である。

↓

はてな？　から書き出そう

年　組（　　　　　）

【ステップ三ーつくる】　「はてな？」（ぎ問文）で書き出す作文を書きましょう。

題材・テーマ①　自分の顔を動物にたとえると何になるか「はてな？」で書き出す作文で書きましょう。

〔書き出し例〕

わたしの顔を動物にたとえると何になるだろう。わたしはサルだと思う。

なぜかというと、

題材・テーマ②　自分の友だち・家族・先生などがどんな人なのか、「はてな？」で書き出す作文で説明しましょう。

〔書き出し例〕

○○先生はどんな人なのでしょうか。

第一に、たのしい先生です。

題材・テーマ③　学級委員や児童会の役員にりっこうほした友だちをすいせんする言葉を「はてな？」で書き出す作文で書きましょう。

〔書き出し例〕

このたび、児童会の会長にりっこうほした○○さんはどんな人なのでしょうか。おとなしそうだと思う人が多いかもしれません。しかし、この○○さんは、

題材・テーマ④　「はてな？」で書き出す一分間スピーチのげんこうを書きましょう。

〔書き出し例〕

ぼくのたからものは何だと思いますか。じつは、これです。おとうさんからもらった●●です。

題材・テーマ⑤　「はてな？」と思ったことを書き出しにして、そのぎ問に対するあなたの予想を書いてみましょう。予想が書けたら、じっさいに調べてみてわかったことを書いてみましょう。

〔書き出し例〕

どうして冬はさむいのでしょうか。

予想は、冬は太陽が出ている時間が少ないからだと思います。

調べてわかったことは、

題材・テーマ⑥　「はてな？」で始まるコマーシャルを作文にしてみましょう。

〔書き出し例〕

花ふんのきせつ、あなたはこまっていませんか？

そんなあなたに、わが社の新せいひん「花ふんバイバイ」をおすすめします！

スケッチ作文を書こう①

年　組（　　　　　　）

【ステップ一―うつす】

次(つぎ)の作文は上のけしきをスケッチした文章(ぶんしょう)です。スケッチ作文といいます。このスケッチ作文は見えるものを「近くのもの」から「遠くのもの」のじゅんじょで書いています。正しくうつして書き方をおぼえましょう。

1 一番手前に、細い木があります。(1)
2 その後ろには、大きな山がそびえたってい
3 ます。(2)
4 そして、その後ろの空には、けむりのよう
5 な雲がうかんでいます。(3)

1
2
3
4
5

スケッチ作文を書くポイント

・スケッチ作文は次のように書かれています。

	どこに	どんな	なにが	どんなだ
(1)文	一番手前に、	細い	木が	あります。
(2)文	その後ろには、	大きな	山が	そびえたっています。
(3)文	その後ろの空には、	けむりのような	雲が	うかんでいます。

・近くからだんだん遠くのじゅんじょで書かれています。また、遠くから近くのじゅんじょで書く場合もあります。

スケッチ作文を書こう①

年　組（　　　　　　　）

【ステップ二―なおす】

次の作文は上のけしきのスケッチ作文です。近くから遠くのじゅんじょで書きました。ところが、じゅんじょがバラバラになっています。
正しいじゅんじょになるように□の中に番号をつけましょう。正しくつけられたら書きなおしましょう。

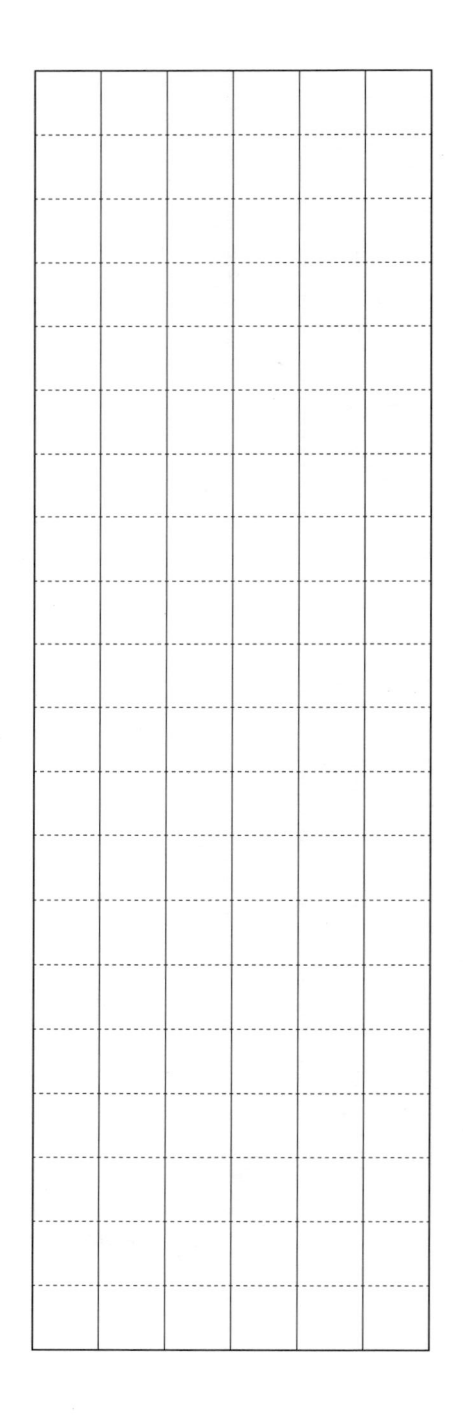

□ 小さな一そうのヨットが海にうかんでいます。
□ 細長いやしの木が三本立っています。
□ そして、その後ろの空には、
□ 一番手前に、
□ 大きなにゅうどう雲がたちのぼっています。
□ その後ろには、

スケッチ作文を書こう①

年　組（　　　　　　　　）

【ステップ三ーつくる】　次のけしきをスケッチ作文にしましょう。近くから遠くのじゅんじょで書きましょう。

題材・テーマ①

題材・テーマ②

題材・テーマ③

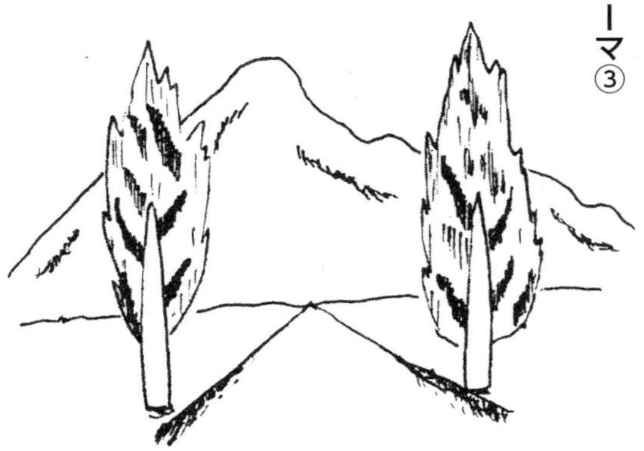

題材・テーマ④

題材・テーマ⑤

題材・テーマ⑥

スケッチ作文を書こう②

年　組（　　　　　　　　）

【ステップ一―うつす】

次の作文は上の絵をスケッチした文章です。スケッチ作文といいます。このスケッチ作文は見えるものを「左」から「右」のじゅんじょで書いています。正しくうつして書き方をおぼえましょう。

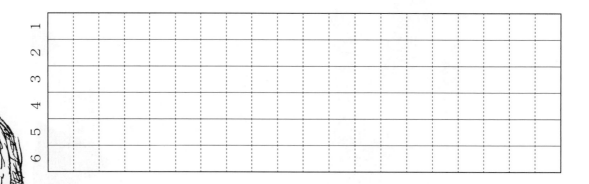

1　一番左がわに、つぶの多いぶどうがよこた
2　わっています。(1)
3　その右がわに、かじりかけのりんごがおい
4　てあります。(2)
5　そして、一番右がわに、葉っぱのついたみ
6　かんがあります。(3)

1
2
3
4
5
6

スケッチ作文を書くポイント

・スケッチ作文は次のように書かれています。

	どこに	どんな	なにが	どんなだ
(1)文	一番左がわに、	つぶの多い	ぶどうが	よこたわっています。
(2)文	その右がわに、	かじりかけの	りんごが	おいてあります。
(3)文	一番右がわに、	葉っぱのついた	みかんが	あります。

・左からだんだん右のじゅんじょで書かれています。また、右から左のじゅんじょで書く場合もあります。

スケッチ作文を書こう②

年　組（　　　　　）

【ステップ二―なおす】

次の作文は上の絵のスケッチ作文です。「左」から「右」のじゅんじょで書きました。ところが、じゅんじょがバラバラになっています。

正しいじゅんじょになるように□の中に番号をつけましょう。正しくつけられたら書きなおしましょう。

□ 口の小さいビンがおかれています。

□ その右がわに、

□ 飲み物の入ったワイングラスがあります。

□ 一番左がわに、

□ そして、一番右がわに、

□ ふたのついた入れ物があります。

スケッチ作文を書こう②

年　組（　　　　　　　　）

【ステップ三ーつくる】　次の絵をスケッチ作文にしましょう。「左」から「右」のじゅんじょで書きましょう。

題材・テーマ①

題材・テーマ②

題材・テーマ③

題材・テーマ④

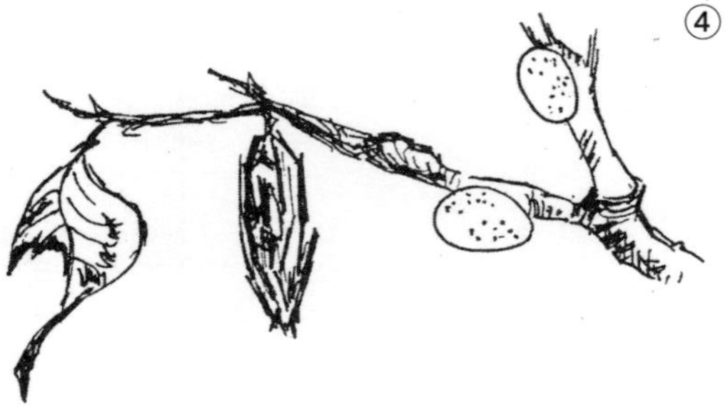

題材・テーマ⑤

題材・テーマ⑥

道じゅんを説明(せつめい)しよう

年　組（　　　　）

【ステップ1―うつす】

あなたは「えき」から「花子さんの家」までの道じゅんをたずねられました。わかるように説明したのが次(つぎ)の作文です。地図と見くらべながら正しくうつしましょう。

7	6	5	4	3	2	1

えきの北口	⬇ 1	まず、えきの北口に出ます。次に、まっす
まっすぐ北へ	⬇ 2	ぐ北へ向(む)かって歩きます。それから、さいし
左へまがる道	⬇ 3	ょに左へまがる道をまがります。しばらく歩
右にお寺	⬇ 4	くと右にお寺が見えてきます。そのお寺をす
左へまがる道	⬇ 5	ぎると左へまがる道があります。その道をま
左がわの二けん目の家	⬇ 6	がって左がわの二けん目の家が花子さんの家
	7	です。

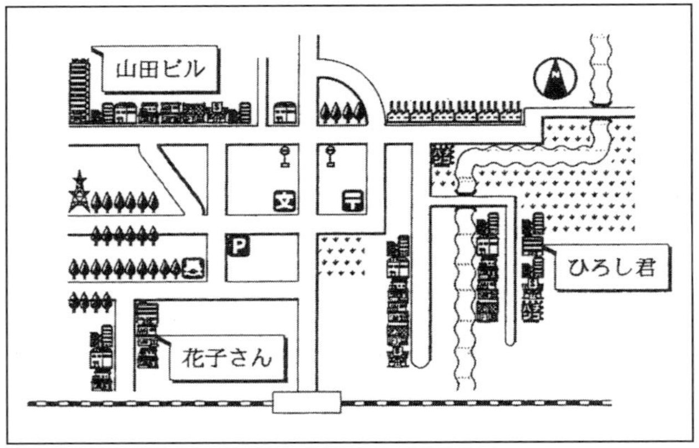

道じゅんを説明(せつめい)するポイント

ポイント1　方向(ほうこう)を表(あらわ)す言葉(ことば)を使(つか)って説明する。
（まっすぐ・ななめ・左右・東西南北など）

北・東・南・西

ポイント2　目じるしになるものを書いて説明する。
（学校・寺・林・橋(はし)・川など）

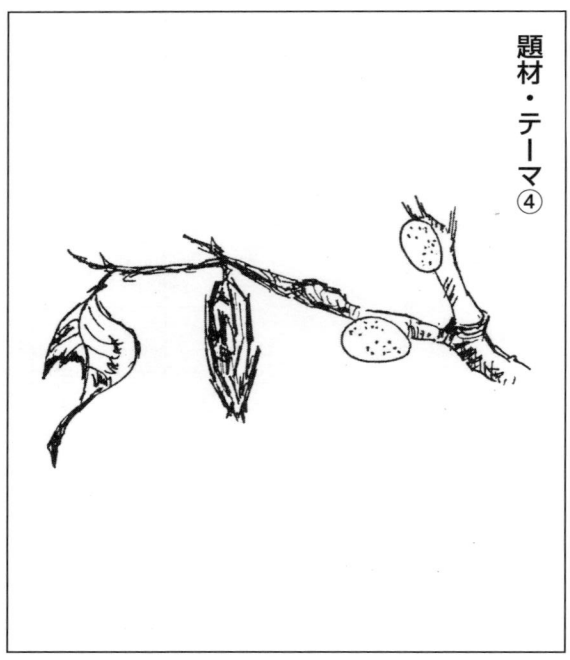

ポイント3　数を表す言葉を使って説明する。
（三つ目の角・二けん目の家・三m手前など）

道じゅんを説明しよう

年　組（　　　　　　　）

【ステップ二　なおす】

えきから「山田ビル」までの道じゅんを説明したのが次の作文です。ところが、「方向を表す言葉」「目じるしになるもの」「数を表す言葉」がなく、このままでは、「山田ビル」まで行けません。

ステップ一の地図をよく見てくわしく書きなおしましょう。

まず、えきをおりたら、まっすぐ歩きます。次に、左へまがります。そうすると、山田ビルがあります。

道じゅんを説明しよう

年　組（　　　　）

【ステップ三─つくる】　道じゅんを説明する作文を書きましょう。

題材・テーマ①　ステップ一の地図を見て、「えき」から「ひろし君」の家までの道じゅんを説明しましょう。

〔書き出し例〕
まず、えきの北口へ出ます。次に、北へ向かってまっすぐ進みます。すると、

題材・テーマ②　ステップ一の地図を見て、ひろし君が花子さんの家に遊びに行く場合の道じゅんを説明しましょう。

〔書き出し例〕
まず、ひろし君の家を出たら右へ行きます。つきあたりを左へ行くと、橋があります。

題材・テーマ③　ステップ二で説明した「えき」から「山田ビル」への道じゅんで、学校より北がわのバスていのある通りが工事で通れなくなりました。ほかの道じゅんを説明しましょう。

〔書き出し例〕
まず、えきの北口に出ます。北へまっすぐ進みます。二つ目の角を左へまがります。

題材・テーマ④　ぎゃくに、「山田ビル」から「えき」までの道じゅんを説明しましょう。

〔書き出し例〕
まず、山田ビルを出て左へ進みます。三本目の右へまがる道をまがります。

題材・テーマ⑤　小学校からあなたの家までの道じゅんを先生に説明しましょう。

〔書き出し例〕
まず、小学校の校門を出たら、まっすぐしんごうのあるところまで歩いてください。

方法(ほうほう)を説明(せつめい)しよう

年　組（　　　　　　　）

【ステップ一―うつす】　次(つぎ)の文章(ぶんしょう)は「インスタントラーメンの作り方」です。正しくうつしましょう。

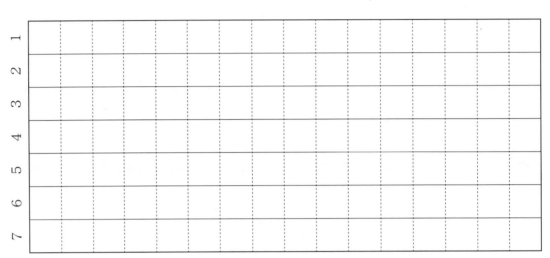

まず
次に
それから
さいごに

などのじゅんじょを表すつなぎ言葉(ことば)を使(つか)います。

できるだけ、一つの手じゅんを一つの文で書いていきます。

1 まず、水550cc（カップ2はい
2 半）をふっとうさせます。
3 次に、めんを入れてかるくほぐし
4 ながら3分間にます。
5 それから、火を止めます。
6 さいごに、こなスープをくわえて
7 できあがりです。

方法を説明しよう

年　組（　　　　　　　　）

【ステップ二—なおす】

次の文章は「ささぶね」（ささの葉で作ったふね）の作り方です。ところが文のじゅんじょがバラバラです。上の図にあう文章になるように□に番号を書き入れましょう。正しく書けたら書きなおしましょう。

①

②

③

④

□ 次に、

□ 三つに分けたわを組み合わせます。

□ さいごに、

□ ささの葉の左右を葉のまん中にむかっておりまげます。

□ まず、

□ かたちをととのえてできあがりです。

□ 左右それぞれのはしにはさみで切りこみを二つ入れて三つに分けます。

□ それから、

方法を説明しよう

年　組（　　　　　）

【ステップ三―つくる】　ステップ一・二の作文を参考にして、方法を説明する作文を書きましょう。

題材・テーマ①　次の地図記号の書き方を説明しましょう。（ほかの人にも正しく書けるようにします。）

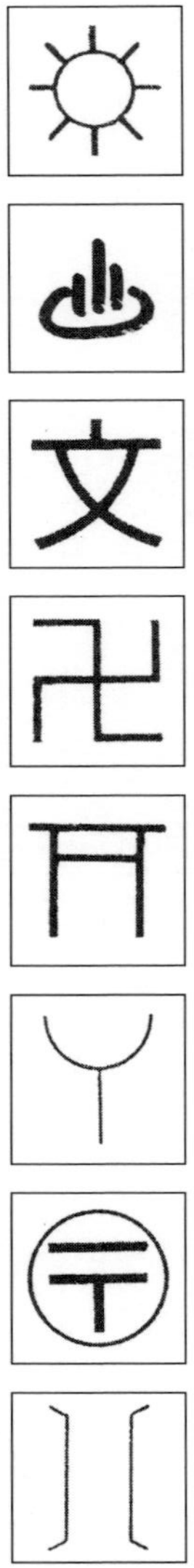

〔書き出し例〕
まず、はじめに、横に線を一本ひきます。

題材・テーマ②　次の計算のしかたを説明しましょう。

$39 + 15$

$48 - 9$

24×5

$3\overline{)93}$

$5\overline{)86}$

〔書き出し例〕
まず、4×5の計算をします。

題材・テーマ③　○○○○（シャツなど）の着方を説明しましょう。

〔書き出し例〕
まず、頭をまん中のあなに通します。

題材・テーマ④　○○○○（えんぴつけずりきなど）の使い方を説明しましょう。

〔書き出し例〕
まず、えんぴつをきかいのあなにさしこみます。

題材・テーマ⑤　○○○○（コマ・りょう理・ゴムじゅうなど）の作り方を説明しましょう。

〔書き出し例〕
まず、コンパスで円をかきます。

かんたんな説明文を書こう

年　組（　　　　　　　）

【ステップ一―うつす】　次の説明文を正しくうつして書き方をおぼえましょう。

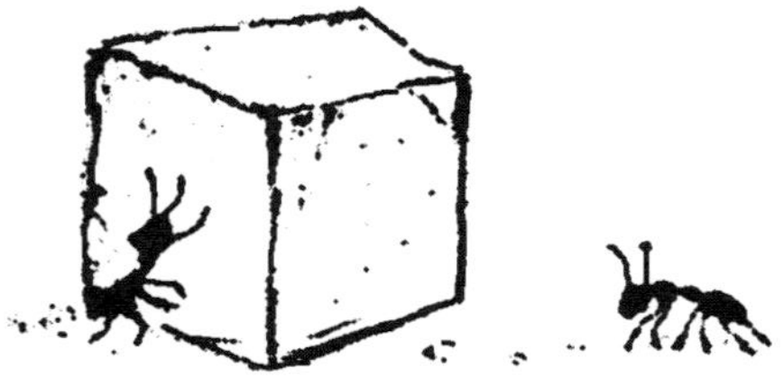

1	
2	
3	
4	
5	
6	
7	
8	
9	

はじめ	何の説明か書く（入口の文） ➡	1	ありは小さい虫です。
	問いかけの文（問題を出している文） ➡	2	小さいありはなにを食べているの
		3	でしょうか。
なか	問題の答え① ➡	4	ありはさとうを食べます。
	問題の答え② ➡	5	ありはケーキのくずも食べます。
	問題の答え③ ➡	6	ありはアメが落ちていたらあつま
		7	って食べます。
おわり	まとめの文（問題の答え①～③をまとめる文） ➡	8	このように、ありはあまいものを
		9	食べるのです。

かんたんな説明文を書こう

年　組（　　　　　）

【ステップ二―なおす】

次の説明文は文のじゅんじょがバラバラになっています。正しいじゅんじょになるように□に番号を書きましょう。正しくできたら書きなおしましょう。

- □ ぞうは、はなが長いです。
- □ ぞうは、はなで水をかけます。
- □ このように、ぞうは、はなを手のように使うのです。
- □ ぞうは、はなでえさをとって食べます。
- □ ぞうは、どのように長いはなを使うのでしょうか。
- □ ぞうは、はなで遊びます。

かんたんな説明文を書こう

年　組（　　　　）

【ステップ三－つくる】　ステップ一と二の例文をまねして説明文を書いてみましょう。

題材・テーマ①　学校の行事にはどんなものがあるか説明する文章を書きましょう。

〔書き出し例〕
学校にはいろいろな行事があります。

題材・テーマ②　ドラえもんのポケットからはどんなものが出てくるか説明する文章を書きましょう。

〔書き出し例〕
ドラえもんはねこがたロボットです。

題材・テーマ③　あなたの先生のよいところはどんなところか説明する文章を書きましょう。

〔書き出し例〕
わたしのたんにんの先生は○○○先生です。

題材・テーマ④　自分のきらいな食べ物はどんなものか説明する文章を書きましょう。

〔書き出し例〕
だれにだってきらいな食べ物があります。

題材・テーマ⑤　自分の好きな食べ物はどんなものか説明する文章を書きましょう。

〔書き出し例〕
わたしには大好きな食べ物があります。

題材・テーマ⑥　夏（冬）の遊びにはどんなものがあるか説明する文章を書きましょう。

〔書き出し例〕
夏はあつくるしいです。

題材・テーマ⑦　あなたのかわいがっているペットを説明する文章を書きましょう。

〔書き出し例〕
わたしはねこのミケをかっています。

お願い（ねが）作文に挑戦（ちょうせん）①

年　組（　　　　　）

【ステップ一－うつす】

「お願い（ねが）作文」とは自分のきぼう（ほしいもの・してほしいことなど）をだれかにお願いする作文です。次（つぎ）の「お願い作文」を正しくうつして書き方をおぼえましょう。

お願いする人にしてほしいことを書く。→

1　お父さん、ぼくはどうしてもJリ
2　ーグのサッカーのしあいを見に行き
3　たいのです。

理由（りゆう）を書く。→

4　どうしてかというと、ぼくの大好（す）
5　きなせんしゅのプレーをじっさいに
6　見てみたいからです。

「だから」で、もう一度（いちど）お願いする。→

7　だから、お父さん。Jリーグのサ
8　ッカーのしあいを見に行かせてくだ
9　さい。

お願い作文に挑戦①

年　組（　　　　）

【ステップ二—なおす】

次の作文は「お願い作文」です。ところが、文のじゅんじょがバラバラになっています。正しいじゅんじょになるように□に番号をつけましょう。正しくつけられたら書きなおしましょう。

□ どうしてかというと、あやちゃんが「子どもだけでえい画へ行きたい。」と言っているからです。

□ だから、お母さん。子どもだけでえい画へ行かせてください。

□ お母さん、わたしはどうしても子どもだけでえい画へ行かせてほしいのです。

お願い作文に挑戦①

年　組（　　　　　　）

【ステップ三―つくる】　ステップ一・二を参考にしながら、いろいろな人に「お願い作文」を書いてみましょう。

題材・テーマ①　あなたは次の1～5までのものがどうしてもほしいとします。1～5から一つ選んで「お願い作文」を書きましょう。（おもしろい理由を考えましょう。）

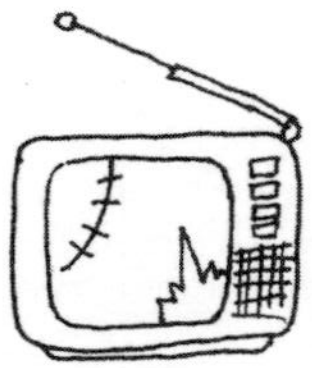

1　あきかん百こ
2　こわれたテレビ
3　くさったキャベツ
4　どぶの水
5　赤ちゃんのよだれかけ

題材・テーマ②　あなたは次の1～5までの場所へどうしても行きたいとします。1～5から一つ選んで「お願い作文」を書きましょう。（おもしろい理由を考えましょう。）

1　むじん島
2　夜のおはか
3　ジャングル
4　冬の海
5　さばく

題材・テーマ③　あなたが今一番ほしいもの（おもちゃ・グッズなど）を買ってもらう「お願い作文」を書きましょう。

〔書き出し例〕
お母さん、わたしはどうしても「テレビゲーム」がほしいのです。

題材・テーマ④　あなたが今一番行きたいところ（旅行・東京ドームなど）へ行かせてもらう「お願い作文」を書きましょう。

〔書き出し例〕
パパ、ぼくはどうしても「東京ドーム」へ行きたいのです。

お願(ねが)い作文に挑戦(ちょうせん)②

年　組（　　　　　　　）

【ステップ一―うつす】

「お願(ねが)い作文」とは自分のきぼう（ほしいもの・してほしいことなど）をだれかにお願いする作文です。次の「お願い作文」を正しくうつして書き方をおぼえましょう。

（書き写し用の空欄：13行）

お願いする人に対してほしいものを書く。➡（1〜3行目）

　お母さん、わたしはどうしても「新しい自てん車」を買ってほしいのです。

理由(りゆう)の数を書く。➡（4〜5行目）

　どうしてかというと、理由が二つあります。

「一つ目」の理由 ➡（6〜8行目）

　一つ目は、今のっている自てん車がもう古いので、走るとガタガタ音がするからです。

「二つ目」の理由 ➡（9〜11行目）

　二つ目は、自てん車があんまりボロボロなので、友だちからからわれるからです。

「だから」で、もう一度(いちど)お願いする。➡（12〜13行目）

　だから、お母さん。「新しい自てん車」を買ってください。

お願(ねが)い作文に挑戦(ちょうせん)②

年　組（　　　　　　）

【ステップ二ーなおす】

次(つぎ)の作文は「お願(ねが)い作文」です。ところが、文のじゅんじょがバラバラになっています。正しいじゅんじょになるように□に番号(ばんごう)をつけましょう。正しくつけられたら書きなおしましょう。

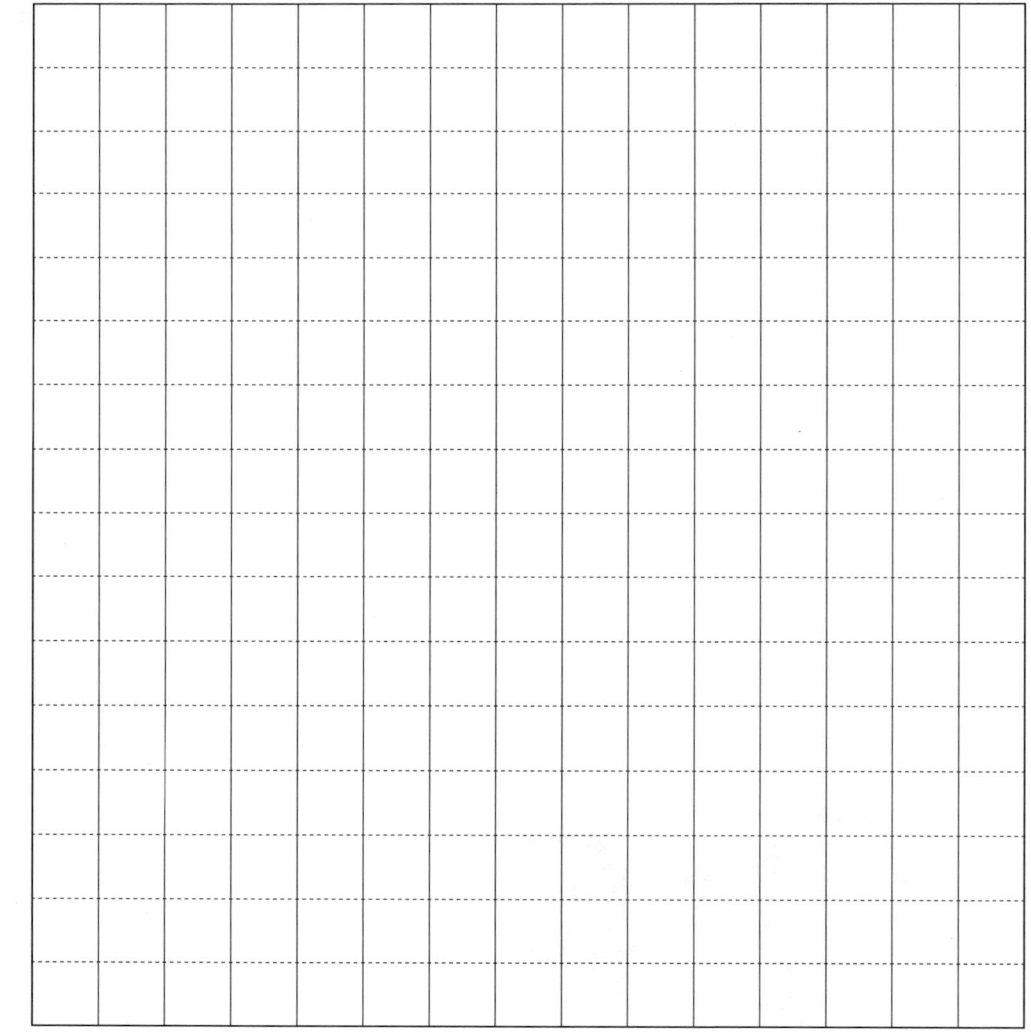

- □ 一つ目は、ディズニーランドに行った友だちはみんな「楽しかった！」と言うので、ぼくも行ってみたいのです。
- □ お父さん、ぼくはどうしても「ディズニーランド」につれていってほしいのです。
- □ だから、お父さん。「ディズニーランド」につれていってください。
- □ どうしてかというと、理由(りゆう)が二つあります。
- □ 二つ目は、ぼくはミッキーマウスが大好きなので、一度ディズニーランドのミッキーマウスに会ってみたいのです。

お願い作文に挑戦②

年　組（　　　　　　　　）

【ステップ三―つくる】　ステップ一・二を参考にしながら、いろいろな人に「お願い作文」を書いてみましょう。
（お願いする理由を二つ以上つけて書きましょう。）

題材・テーマ①　あなたがどうしてもほしいもの（おもちゃ・グッズなど）を買ってもらう「お願い作文」を書きましょう。

〔書き出し例〕
お母さん、ぼくはどうしても「ミニ４く」がほしいのです。

題材・テーマ②　あなたがどうしても行きたいところ（海・プール・外国など）へつれていってもらう「お願い作文」を書きましょう。

〔書き出し例〕
お父さん、ぼくはどうしても「ハワイ」へつれていってほしいのです。

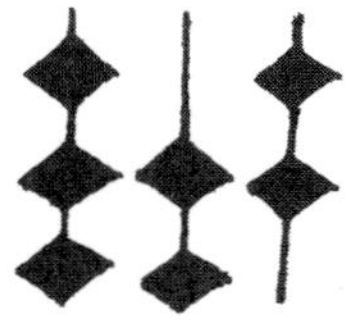

題材・テーマ③　あなたがどうしてもしたいこと（ならいごと・一人旅・ぼうけんなど）をさせてもらう「お願い作文」を書きましょう。

〔書き出し例〕
お母さん、わたしはどうしても「そろばん」をならいたいのです。

題材・テーマ④　あなたがどうしてもやめてほしいこと（いじわる・宿題など）をやめてもらう「お願い作文」を書きましょう。

〔書き出し例〕
先生、わたしはどうしても「宿題」を出すことをやめてほしいのです。

題材・テーマ⑤　あなたがどうしても見せてほしいもの（友だちのラブレター・先生の歌うすがたなど）を見せてもらう「お願い作文」を書きましょう。

〔書き出し例〕
おじいちゃん、わたしはどうしてもおじいちゃんの「わかいころの写真」を見たいのです。

反対意見を書こう①

年　組（　　　　　　　）

【ステップ一―うつす】

次の作文は上の絵がメロンではないと反対している文章です。正しくうつして「反対意見」の書き方をおぼえましょう。

1 　この絵はメロンではない。
2 　もし、メロンだとしたら絵のよう
3 な黒いしましまもようはないはずだ。
4 　しかし、この絵には黒いしましま
5 もようがある。
6 　だから、この絵はメロンではない
7 のである。

反対意見を書こう①

年　組（　　　　　）

【ステップ二―なおす】

次の作文は上の絵がタコではないと反対しています。ところが、文のじゅんじょがバラバラになっています。ステップ一の反対意見文を参考にしながら正しいじゅんじょになるように□に番号を書き入れましょう。正しく書き入れたら書きなおしましょう。

□ しかし、この絵には足が十本もある。

□ だから、この絵はタコではないのである。

□ もし、タコだとしたら足が八本あるはずだ。

□ この絵はタコではない。

反対意見を書こう①

年　組（　　　　　　）

【ステップ三―つくる】　ステップ一と二を参考にして反対意見文を書きましょう。

題材・テーマ①　次の意見に対する反対意見を書きましょう。

この絵はドラえもんである。

題材・テーマ②　次の意見に対する反対意見を書きましょう。

このやさいはだいこんである。

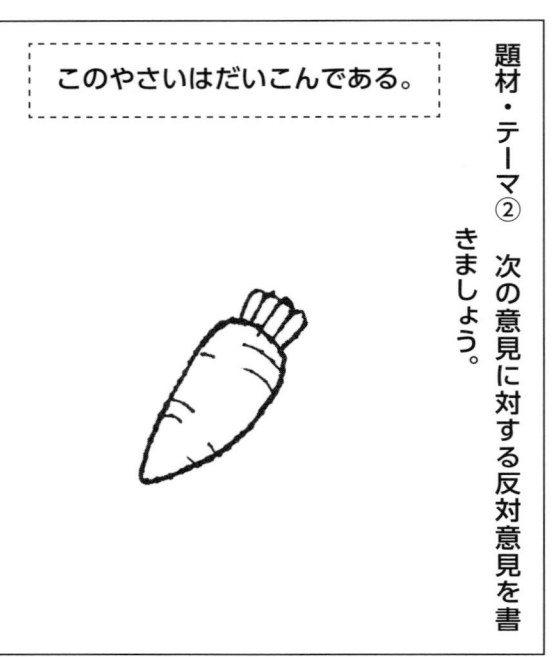

題材・テーマ③　次の意見に対する反対意見を書きましょう。

これは川のけしきである。

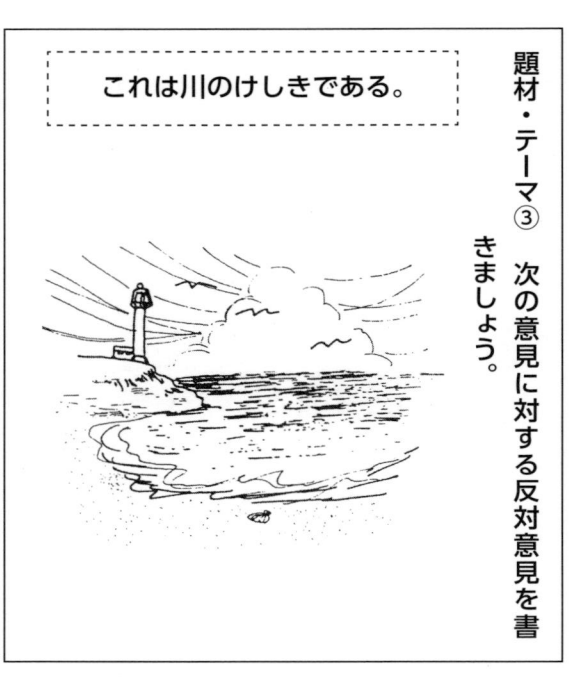

題材・テーマ④　次の意見に対する反対意見を書きましょう。

これはひなまつりである。

題材・テーマ⑤　次の意見に対する反対意見を書きましょう。

これはフライパンである。

題材・テーマ⑥　次の意見に対する反対意見を書きましょう。

この人はどろぼうである。

反対意見を書こう②

年　組（　　　　　　　　　）

【ステップ一―うつす】

次の作文は上の絵のおいしゃさんが「目いしゃさん」ではないと反対している文章です。反対のわけが二つ書かれています。正しくうつして書き方をおぼえましょう。

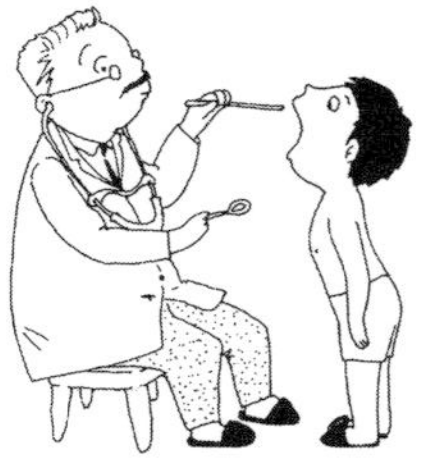

このおいしゃさんは目いしゃさんではない。
だい一に、もし、目いしゃさんだったら口の中を見たりしないはずだ。
しかし、このおいしゃさんは口の中を見ている。
だい二に、もし、目いしゃさんだったら男の子ははだかにならないはずだ。
しかし、男の子ははだかになっている。
だから、このおいしゃさんは目いしゃさんではないのである。

反対意見を書こう②

年　組（　　　　　）

【ステップ二　なおす】

次の作文は上の絵がときょう走の場面ではないと反対しています。ところが、文のじゅんじょがバラバラになっています。ステップ一の反対意見文を参考にしながら正しいじゅんじょになるように□に番号を書き入れましょう。正しく書き入れたら書きなおしましょう。

□しかし、この人はバトンを持っている。

□これはときょう走の絵ではない。

□だから、これはときょう走の絵ではないのである。

□だい二に、もし、ときょう走だったらたすきをしていないはずだ。

□しかし、この人はたすきをしている。

□だい一に、もし、ときょう走だったらバトンは持っていないはずだ。

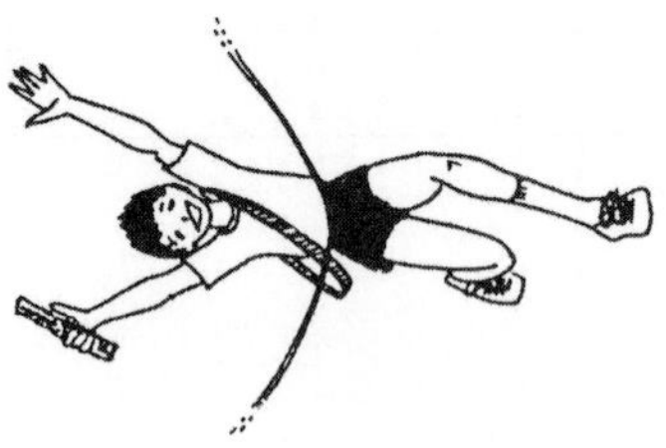

反対意見を書こう②

年　組（　　　　　　　　）

【ステップ三―つくる】　ステップ一と二を参考にして理由が二つ以上ある反対意見文を書きましょう。

題材・テーマ①　次の意見に対する反対意見を書きましょう。

この絵のきせつは夏である。

題材・テーマ②　次の意見に対する反対意見を書きましょう。

この子はきんたろうである。

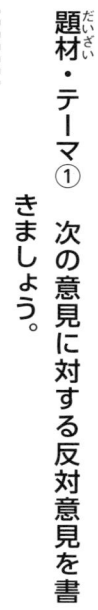

題材・テーマ③　次の意見に対する反対意見を書きましょう。

この人の仕事はとこやさんである。

題材・テーマ④　次の意見に対する反対意見を書きましょう。

このスポーツはサッカーである。

題材・テーマ⑤　次の意見に対する反対意見を書きましょう。

この絵は日本のけしきである。

題材・テーマ⑥　次の意見に対する反対意見を書きましょう。

これは平泳ぎである。

高学年の作文ワーク

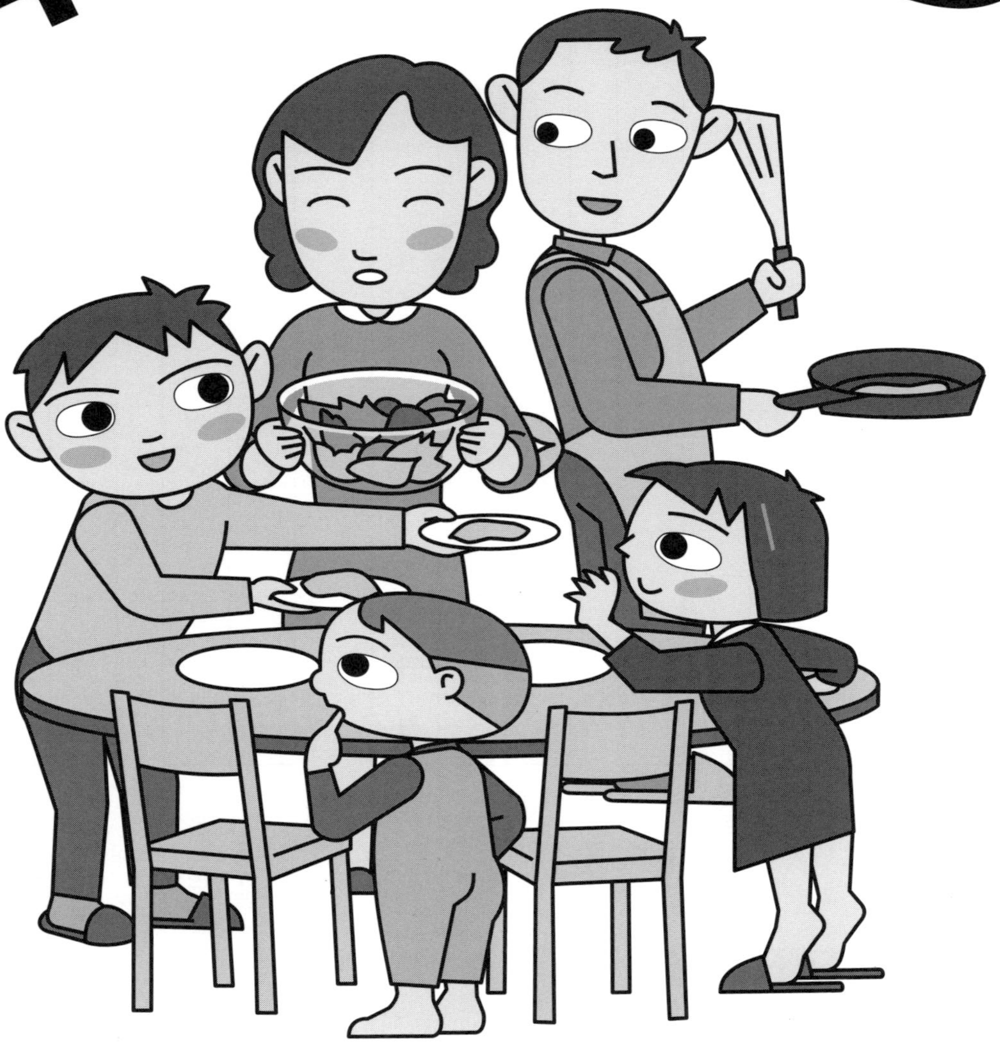

読点の打ち方

年　組（　　　　　　　　）

【ステップ一うつす】　一文の中に読点はない方がいいのです。打っても一つくらいのつもりで打ちましょう。どうしても読点を打つ必要がある場合の文を正しくうつしましょう。

〈その1〉
倒置法（言葉の順序を入れかえる表現方法）を使った時に打ちます。

　書いている、子どもたちが教室で作文を。

〈その2〉
長い修飾語によって一文が長くなった場合、そのさかい目に打ちます。（ただし、なるべく一文は短い方がよいのです。）

　ぼくのクラスメイトで背の低いたろう君が、高校生で背の高いひろし君をたたいた。

〈その3〉
文の意味が読み手にまちがえられる可能性がある場合に打ちます。

「弟がずぶぬれ」という意味になります。➡　私は、ずぶぬれになってにげる弟を追いかけた。

「私がずぶぬれ」という意味になります。➡　私はずぶぬれになって、にげる弟を追いかけた。

＊これ以外の場合は読点を打つ必要がほとんどありません。むだな読点は打たないようにしましょう。読点の多すぎる文は読みにくくなる場合があります。

読点の打ち方

年　組（　　　　）

【ステップニーなおす】　次の例文には読点が必要です。正しく書きなおしましょう。

〈その1〉

走っている子どもたちが。

〈その2〉

毛の色が茶色で体が大きいこわそうな犬が毛が白くて体の小さいおとなしそうなねこを追いかけていた。

〈その3〉

故障したのがトラックの場合

故障したのが自動車の場合

トラックが故障（こしょう）して止まっている自動車に追とつした。

読点の打ち方

年　組（　　　　　）

【ステップ三―つくる】　読点のなるべく少ない作文を書きましょう。

題材・テーマ①　もしも、願いを三つかなえてもらえるとしたらあなたはどんなお願いをするか書きましょう。

〔書き出し例〕
もし、願いを三つかなえてもらえるとしたらぼくはこんなお願いをします。

題材・テーマ②　自分が見た「夢（ゆめ）」の話を書きましょう。

〔書き出し例〕
ぼくの初夢。それは、

題材・テーマ③　男の子は女の子に、女の子は男の子になりきって日記を書きましょう。

〔書き出し例〕
わたしはひろしよ。よろしくね。今日ね、わたしは

題材・テーマ④　自分で国民の祝日（～の日）をつくり、どんな祝日なのか説明しましょう。

〔書き出し例〕
一月十八日は「神様の日」で学校はお休みだ。「神様の日」とは、

題材・テーマ⑤　理想の結（けっ）こん相手を書きましょう。

〔書き出し例〕
わたしの理想の結こん相手について書きます。次の三つを持っている人がいいです。

題材・テーマ⑥　将来（しょうらい）、どんな職業（しょくぎょう）につきたいと思いますか。

〔書き出し例〕
将来ぼくはおまわりさんになりたいです。なぜかというと、

題材・テーマ⑦　あなたのクラスの有名人はだれでしょう。しょうかいしてください。

〔書き出し例〕
ぼくのクラスの有名人はズバリ村野さとし君です。どうしてかというと、

題材・テーマ⑧　「最近思うこと」について書きましょう。

〔書き出し例〕
最近、私は体育の授業（じゅぎょう）がおもしろいと思っています。

たとえを使おう（暗ゆ）

年　組（　　　　）

【ステップ1―うつす】　つぎの「一行詩」は題名（金庫・注しゃ器・サメ）を何かにたとえています。正しくうつしましょう。

〈その1〉

「金庫」を「ガードマン」にたとえています。

金庫
それは、お金のガードマンだ。

〈その2〉

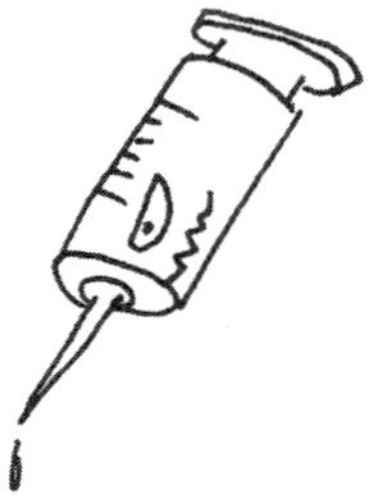

「注しゃ器」を「ひみつ兵器」にたとえています。

注しゃ器
それは、ばいきんをたおすひみつ兵器だ。

〈その3〉

「サメ」を「ギャング」にたとえています。

サメ
それは、海のギャングだ。

＊「～のような」「～のように」などの言葉を使わないでたとえる比ゆを「暗ゆ」といいます。

たとえを使おう（暗ゆ）

年　組（　　　　）

【ステップ二―なおす】　次の「一行詩」はたとえが使われていません。〰〰の言葉をかえて題名を何かにたとえて書きなおしましょう。

〈その1〉

消しゴム

それは、文字を消すゴムだ。

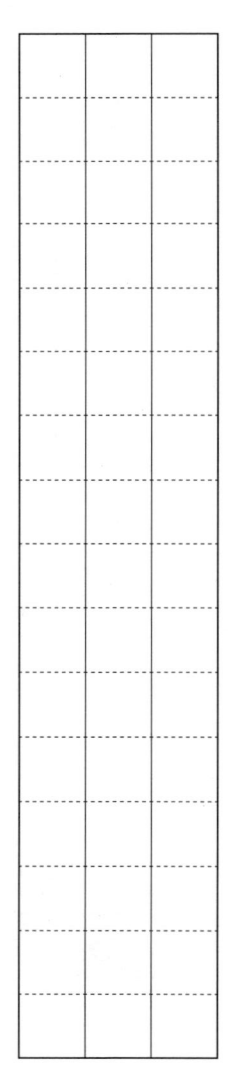

➡

〈その2〉

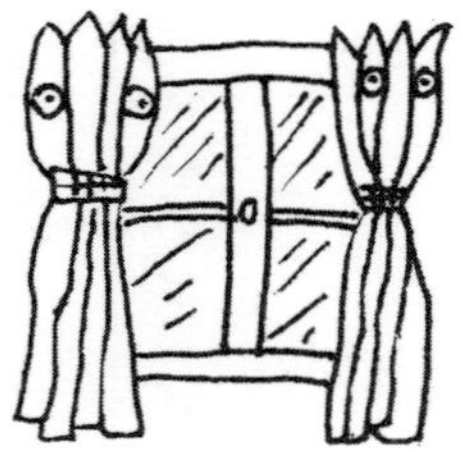

カーテン

それは、まどの布（ぬの）だ。

➡

〈その3〉

雪

それは、やねを白くするものだ。

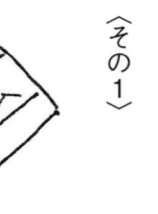

➡

たとえを使おう（暗ゆ）

年　組（　　　　　　　）

【ステップ三―つくる】　たとえを使った詩や作文を書きましょう。

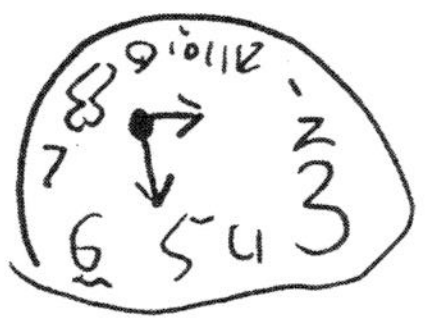

題材・テーマ①　たとえを使った「一行詩」を書きましょう。題名は［　］の中から選びましょう。

・ざぶとん　・ベルト　・うんこ　・おかし　・雨　・めがね
・にじ　・子ども　・学校　・まんが　・地面　・テレビ
・黒板　・時計　・いす　・信号　・せん風機　・温度計
・いんせき　・えんぴつ　・波　・夏　・石　・コート

（ほかにも自分で題名を考えてみよう！）

題材・テーマ②　たとえを使った「ラブレター」を書きましょう。

〔書き出し例〕
あなたはぼくの光です。あなたのひとみはダイヤモンドです。

題材・テーマ③　たとえを使った「なぞなぞ」を考えて書きましょう。

〔例〕
首が長くて、ゴミを食べるのはなあに？（そうじ機）

題材・テーマ④　担任（たんにん）の先生をたとえを使って思いきりほめましょう。（ウソでもいいのです。）

〔例〕
ぼくたちのたんにんの先生は教師（きょうし）のかがみです。その顔は天使です。その頭はコンピューターです。その力はシャベルカーです。

名詞止めを使った作文

年　組（　　　　　　）

【ステップ一―うつす】

「名詞」で文が終わる書き方を「名詞止め」あるいは「体言止め」といいます。次の例文は「名詞止め」で書かれています。正しくうつしましょう。

〈その1〉

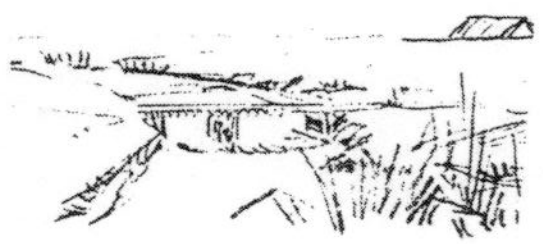

ひやっと冷たい三月の水。

〈その2〉

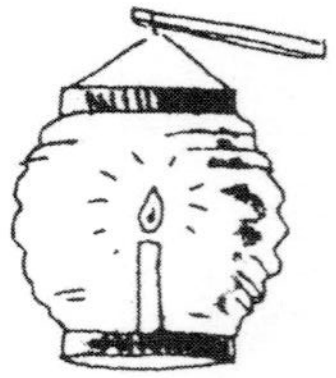

おそろしそうな、人々のささやきの声。

〈その3〉

ぼしゃぼしゃと白くなった、じいちゃんのかみ。

〈その4〉

ザアザアと音を増す川のひびき。

（いぬいとみこ作『川とノリオ』より引用）

名詞(めいし)止(ど)めを使った作文

年　組（　　　　　）

【ステップニーなおす】　次の例文を（　）の中の名詞(めいし)で終わる名詞止めに書きなおしましょう。

例文

先生は夏休みに京都へ行った。

〈その1〉

（先生）➡

〈その2〉

（夏休み）➡

〈その3〉

（京都）➡

名詞止め（めいしど）を使った作文

年　　組（　　　　　　　　）

【ステップ三―つくる】　名詞止め（めいしど）を使った作文を書きましょう。

題材・テーマ①　あなたの考えた新製品（しんせいひん）のキャッチコピーを「名詞止め」で書き、その宣伝文（せんでんぶん）を書きましょう。

駆けぬける喉ごし。

（サッポロビール）

熱・のどの痛みに効く総合かぜ薬。

（エスエス製薬）

新しい年には、
新しいシャルダン。

（エステー化学）

題材・テーマ②　新聞記事を書きましょう。見出しは「名詞止め」で書きましょう。

米西部で吹雪
や寒波大暴れ

（読売新聞
平成8年1月21日）

題材・テーマ③　短編（たんぺん）小説を書きましょう。題名は「名詞止め」で書きましょう。

題材・テーマ④　交通安全、読書週間などの標語を「名詞止め」で書きましょう。その後で標語の説明文を書きましょう。

倒置法（とうちほう）を使った作文

年　組（　　　　）

【ステップ一―うつす】

言葉の順序（じゅんじょ）を入れかえて書くことを「倒置法（とうちほう）」といいます。次の例文は倒置法で書かれています。「倒置法を使った例文」を正しくうつしましょう。

〈その1〉

倒置法を使った例文：さいているよ、とても美しい花が。

↑

ふつうの文：とても美しい花がさいているよ。

〈その2〉

倒置法を使った例文：わらっているね、女の子が。

↑

ふつうの文：女の子がわらっているね。

〈その3〉

倒置法を使った例文：みんなあげちゃえ、おかしを。

↑

ふつうの文：おかしをみんなあげちゃえ。

＊ 倒置法で言葉の順序が入れかわった文は間に読点（、）を打つのがふつうです。

倒置法を使った作文

年　組（　　　　　　）

【ステップ二―なおす】　次の例文を倒置法を使って書きなおしましょう。

〈その1〉

私はがんばっている。

〈その2〉

その運転が危ない。

〈その3〉

お米を食べよう。

〈その4〉

今年の冬は京都へ行こう。（三種類作ってみましょう。）

倒置法を使った作文

年　組（　　　　　　）

【ステップ三―つくる】　倒置法を使った作文を書きましょう。

題材・テーマ①　あなたの町にたくさんのお客さんが来るように、町のキャッチコピー文を「倒置法」で書きましょう。その後で町の宣伝文を書きましょう。

〔例〕
あなたの目玉はとびだす、○○町に遊びにくれば。（キャッチコピー文）

○○町は歴史とロマンの町。あなたが遊びにくれば、その目玉はびっくりの連続で。（宣伝文）

題材・テーマ②　交通安全の標語を「倒置法」で書きましょう。その後で標語の説明文を書きましょう。

〔例〕
死をまねく、スピードの出しすぎが。（標語）

今年の交通事故による死亡者は過去最悪の○○○人。交通戦争を引き起こしています。

題材・テーマ③　お中元（お歳暮）の季節の商品を一つ決めて、消費者に向けて「倒置法」を使った宣伝文を書きましょう。

〔例〕
今年もおくりたい、大好きなあの人へ。
今年もおくりたい、大好きなあのビールを。
毎年のことだから、毎年いいものを。

題材・テーマ④　思いきりかっこうつけたラブレターを「倒置法」を使って書きましょう。

〔例〕
君が大好きだ、気を失うほど。

オチのある文章構成（起承転結）

年　組（　　　　　　　　）

【ステップ一　うつす】

下の四コマまんがを作文にしました。次の「四つのポイント」にしたがって書かれています。
文章の構成に気をつけて正しくうつしましょう。

四コマまんがを作文にするポイント

①登場人物を自分だと思って書く場合と登場人物をながめている場合があります。(この場合は登場人物を自分だと思って書いています。)

②一コマ一段落で書きます。

③まんがの「おち」(このまんがでは「落とし穴に落ちた原因がわかったこと」)は「結」に書きます。

④まんがに書かれていないことは想像しながら書きます。

1 2 3 4 5 6 7 8 9 10 11 12 13

起　文章の書き出しです。

承　「起」をうけて話を続けます。

転　「起」「承」の話の流れにとつぜん大きな変化が起きます。

結　「オチ」をつけて話が終わります。

ぼくは走りはばとびをしていました。思い
きり助走しました。
ぼくは思いきり地面をけりました。フワッ
と体が空中にうかびました。
ところが、着地したとたんズボッと音がし
て、ぼくは地面にうまってしまいました。一
しゅん何が起きたのかわかりませんでした。
その時、シャベルを持った一人の男の子が
ぼくに近づいてきてこう言いました。
「ごめんよ。砂場は落とし穴が作りやすいん
だ…」
砂場に落とし穴を作るなんて信じられない
子です。

※このような文章構成を「起承転結」の文章構成といいます。ドラマチックな展開にふさわしい文章構成法です。

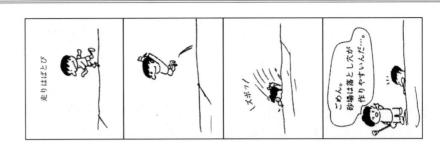

オチのある文章構成（起承転結）

年　組（　　　　）

【ステップ二―なおす】

下の四コマまんがを作文にしました。

ところが、文の順序がバラバラです。正しい順序になるように□に番号を書き入れましょう。正しく書き入れたら書きなおしましょう。

- □ なんと、トンボはゆう便ポストのマークの上に重なるようにかくれていたのでした。
- □ あれ？　トンボのすがたが急に見えなくなりました。
- □ トンボはどんどんにげていきます。
- □ しかし、トンボはすばやく虫とりあみをかわしてにげてしまいました。
- □ すっかり男の子はだまされてしまいました。
- □ 男の子が虫とりあみを持ってトンボを追いかけていました。
- □ トンボはどこにいってしまったのでしょう。
- □ 男の子は虫とりあみを思いきりふりおろしました。

オチのある文章構成（起承転結）

年　組（　　　　　　　　）

【ステップ三─つくる】「起承転結」の文章構成の作文を書きましょう。

題材・テーマ①　次の四コマまんがを「起承転結」の文章構成による作文にしましょう。

まんが1

〔まんが１の書き出し例〕
ぼくたちは音楽の授業でハーモニカをふいていました。

まんが2

〔まんが２の書き出し例〕
タロー君は友達と三人でいなかへ遊びにきています。

まんが3

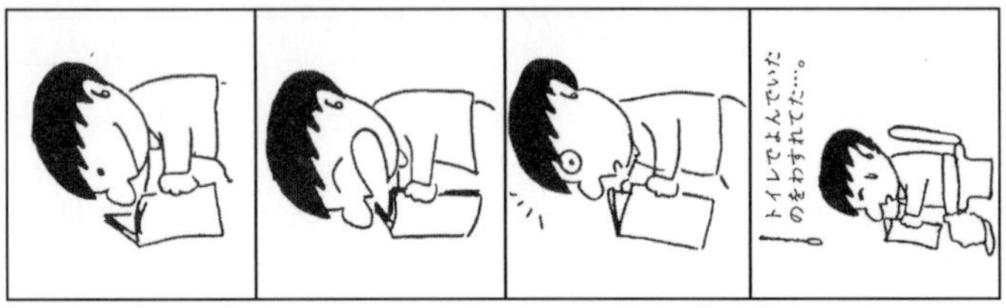

〔まんが３の書き出し例〕
ぼくは読書をしていました。

まんが4

〔まんが４の書き出し例〕
ひろし君がテレビを見ているお父さんに言いました。
「パパーきいろいサイダー飲んでもいい？」

題材・テーマ②　最近、あなたが一番びっくりしたことを「起承転結」の文章構成で書いてみましょう。

〔ヒント〕
- 男だと思っていたら女だった人の話（なんと、その人は女だったのです。）
- 思いがけずプレゼントをもらった話（なんと、それはプレゼントだったのです。）
- ネコが車にひかれたと思ったら無事だった話（なんと、ねこは無事だったのです。）

題材・テーマ③　あなたのかんちがいを「起承転結」の文章構成で書いてみましょう。

〔ヒント〕
- うんちだと思ったらかりんとうだった。
- いじわるかと思ったら愛情だった。
- 空飛ぶ円ばんだと思ったら鳥だった。
- ゆうれいかと思ったらすすきだった。

題材・テーマ④　最近、あなたの身の回りに起きたドラマチックなできごとを「起承転結」の文章構成で書きましょう。

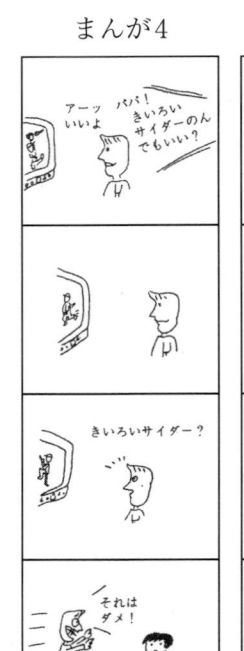

論説文を書こう（起承束結の文章構成）

年　組（　　　　　　　　）

【ステップ一―うつす】　次の作文は「起承束結」の文章構成で書かれた「オゾン層」についての論説文です。正しくうつして書き方を覚えましょう。

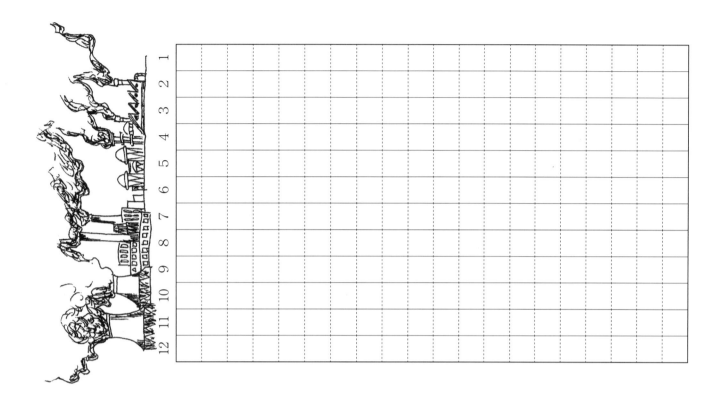

構成	役割	行	文
起	話題提示文	1	今、大気中のオゾンが減少している。
	問いかけ文	2	オゾンが少なくなり、地上に降り注ぐし外
		3	線の量が増すと、どのようなえいきょうがあ
		4	るのだろうか。
承	具体例①	5	人間には皮ふがんが増えたり、目の病気が
		6	増えたりするだろうといわれている。
	具体例②	7	また、植物の生育もさまたげられ、農作物
		8	にも大きな影響が出ると推定される。
転	具体例①と②の共通点（具体例の束ね）	9	このように、今、地球上の生命が危機にさ
		10	らされようとしている。
結	書き手の感想や意見	11	今こそ、人々が知えを出し合って、問題の
		12	解決に当たらなければならない時なのである。

（『オゾンがこわれる』国語六上　創造　平成四年度版　光村図書の改作）

12	11	10	9	8	7	6	5	4	3	2	1

論説文を書こう（起承束結の文章構成）

年　組（　　　　　　　　　　）

【ステップ二―なおす】

次の作文は「起承束結」の文章構成で書かれた「ホタル」についての論説文です。ところが、文の順序がバラバラです。ステップ一の論説文を参考にしながら、正しい順序になるように□に番号を書き入れましょう。正しく書き入れたら書きなおしましょう。

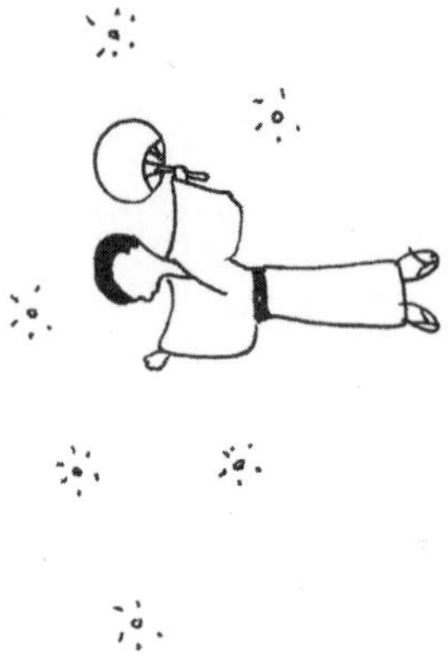

□　また、ホタルは暗い場所を好む。
□　では、水をきれいにすればホタルはもどるのか。
□　しかし、川の底はコンクリートになり、川べりの木もない。
□　ホタルの幼虫は川に住む貝をえさにし、成虫は川べりの木や草を交尾や休息の場にしている。
□　このように、水をきれいにするだけではホタルはもどらない。
□　人間が水をよごしたので、ホタルを見かけなくなったという。
□　人間による自然の改造がホタルの住むかん境をせばめたといえるだろう。
□　だが、川べりは街灯で明るく照らされている。

（『ホタルの住む水辺』国語五上　銀河　平成八年度版　光村図書の改作）

論説文を書こう（起承束結の文章構成）

年　組（　　　　　）

【ステップ三－つくる】　ステップ一・ステップ二で書いた論説文の形式を使って論説文を書きましょう。

題材・テーマ①　学校のきまりの中でこんなきまりはいらないというものを一つ選び、なぜいらないのかが校長先生にもわかるように起承束結の文章構成で書きましょう。

〔書き出し例〕
学校ではかってに屋上に入ってはいけないというきまりがある。そのきまりはいらないのではないか。

題材・テーマ②　給食のメニューにぜひ入れてほしいものを一つ決め、なぜ入れてほしいのかが給食センターの人にもわかるように起承束結の文章構成で書きましょう。

〔書き出し例〕
給食のメニューにぜひ入れてほしいのは「ジュース」である。なぜ、「ジュース」を給食のメニューに入れてほしいのか。

題材・テーマ③　あなたの担任の先生はどんな人なのか、他学年の友達にわかるように起承束結の文章構成で書きましょう。

〔書き出し例〕
ぼくの担任の先生は村野先生という。では、村野先生はどんな先生なのか。

題材・テーマ④　教室にあった方がよいものを一つ選び、なぜあった方がよいのかが担任の先生にわかるように起承束結の文章構成で書きましょう。

〔書き出し例〕
教室には「こたつ」があった方がよい。なぜ、「こたつ」が教室にあった方がよいのか。

題材・テーマ⑤　次のかん境問題の中から一つを選び、どんなえいきょうがあるのか調べて起承束結の文章構成で書きましょう。

① 地球温暖化
② 酸性雨
③ 海洋お染
㈲ 砂ばく化

〔書き出し例〕
今、地球が暖まっている。地球が暖まり続けたら、どのようなえいきょうがあるのだろうか。

題材・テーマ⑥　あなたが今、声を大にしてうったえたいことを起承束結の文章構成で書きましょう。

〔書き出し例〕
わたしは今、とてもおこっている。なぜ、わたしはおこっているのか。

意見文を書いて主張(しゅちょう)しよう

年　組（　　　　　　）

【ステップ一―うつす】　次の意見文を、接続(せつぞく)の言葉に気をつけながら、正しくうつしましょう。

行	構成	本文
1	初　問いを立てる	先生は男なのか女なのか。
2	結論(けつろん)を一文で述(の)べる	先生は男なのである。
3	中　「なぜか」と問う	なぜか。
4	理由一	第一に、先生にはひげがはえているからで
5		ある。
6	「もし～ならば～ないはずである」で仮定(かてい)する	もし、先生が女ならば、ひげは生えていな
7		いはずである。
8	「しかし～している」で打ち消す	しかし、先生にはけっこういひげが生え
9		ている。
10	理由二	第二に、先生はいつも男の服装(そう)をしている
11		からである。
12	「もし～ならば～するはずである」で仮定する	もし、先生が女ならば、時にはスカートを
13		はいてくることもあるはずである。
14	「しかし～ない」で打ち消す	しかし、スカートをはいてきたところを一
15		度も見たことがない。
16	終　もう一度結論を述べる	だから、先生は男なのである。

意見文を書いて主張しよう

年　組（　　　　　　　　）

【ステップ二―なおす】　次の意見文は順序がバラバラになっています。ステップ一の意見文を参考にしながら正しい順序になるように□の中に番号を書き入れましょう。

正しく書き入れたら書きなおしましょう。

□ 第二に、勝負を競うことが多いからである。

□ 私は体育は楽しいと考える。

□□ もし、

□ 勝負を競うことがなかったら、あまり楽しくなかったはずである。

□ 第一に、体を動かすからである。

□ 体育はバスケットボールで点をとりあったりして勝負を競う。

□□ しかし、

□ 体を動かさなかったら、あまり楽しくなかったはずである。

□ 体育はリレーで走ったりして体を動かす。

□ だから、体育は楽しいのである。

□ 体育は楽しいか、楽しくないか。

□ なぜか。

（二回使う言葉や文には□が二つあります。）

意見文を書いて主張しよう

年　組（　　　　　　）

【ステップ三－つくる】　ステップ一・ステップ二で書いた意見文の形式を使って簡単な意見文を書きましょう。

題材・テーマ①　お化けはいるのかいないのか自分の意見を書きましょう。

題材・テーマ②　廊下は走ってもよいか悪いか自分の意見を書きましょう。

題材・テーマ③　夏と冬ではどちらが楽しいか自分の意見を書きましょう。

題材・テーマ④　男と女ではどちらが得か自分の意見を書きましょう。

題材・テーマ⑤　大人と子どもではどちらが得か自分の意見を書きましょう。

題材・テーマ⑥　宿題はあった方がよいか、ない方がよいか自分の意見を書きましょう。

題材・テーマ⑦　給食と弁当ではどちらがよいか自分の意見を書きましょう。

題材・テーマ⑧　クリスマスとお正月ではどちらがよいか自分の意見を書きましょう。

題材・テーマ⑨　次の二枚の写真のうち旅行雑誌の表紙に適しているのはどちらか自分の意見を書きましょう。

題材・テーマ⑩　次の二枚の写真のうち「かがやく未来」という広告文に適している写真はどちらか自分の意見を書きましょう。

（右の写真二枚は、月刊誌『教室ツーウェイ誌55・86号』（明治図書）の表紙写真よりコピーしたものです。）

比ゆ表現を使って情景描写しよう

年　組（　　　　　　　　）

【ステップ一―うつす】 次の文章は「比ゆ表現」を使った情景描写文です。正しくうつしましょう。

〈その1〉

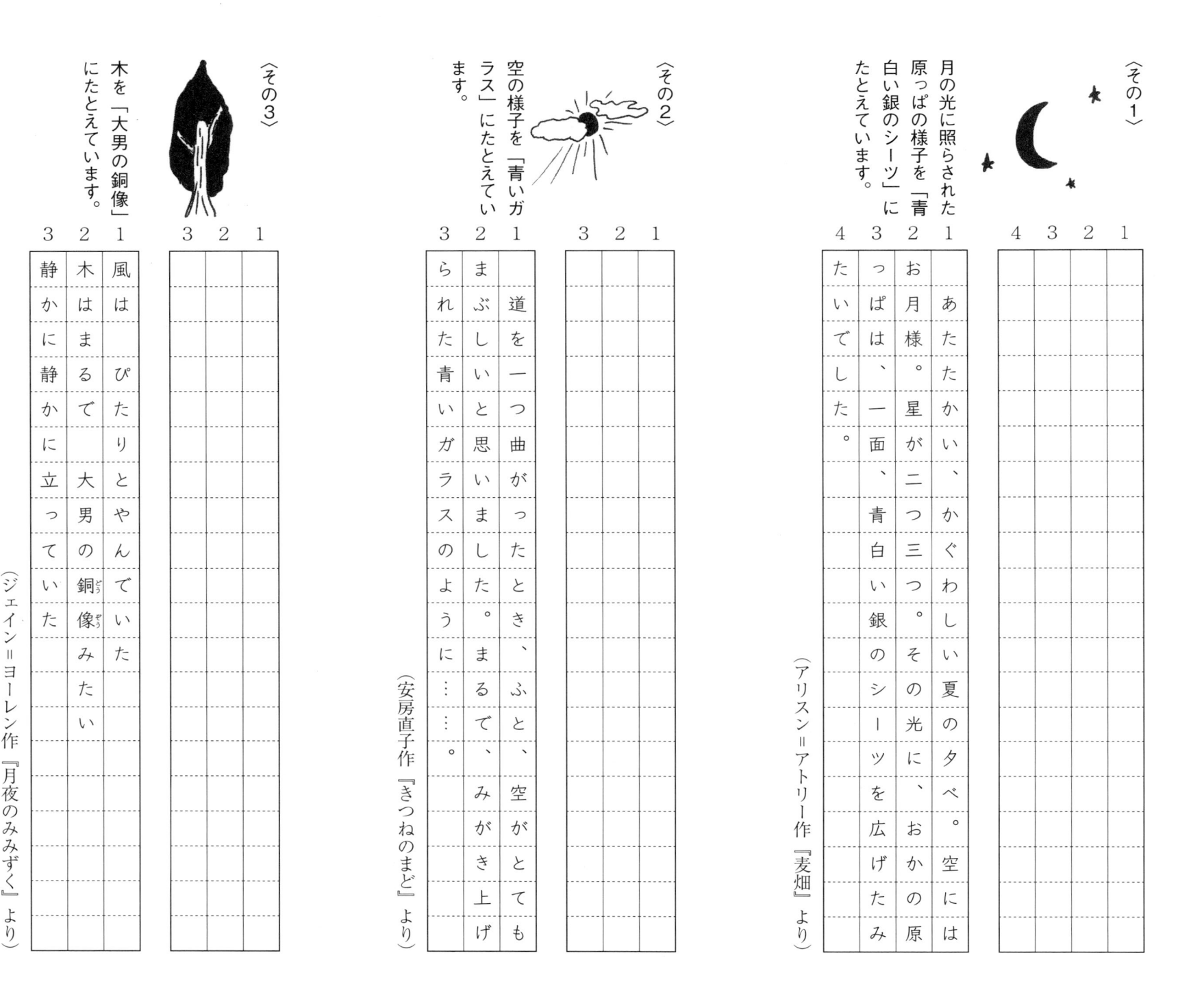

月の光に照らされた原っぱの様子を「青白い銀のシーツ」にたとえています。

　あたたかい、かぐわしい夏の夕べ。空には
お月様。星が二つ三つ。その光に、おかの原
っぱは、一面、青白い銀のシーツを広げたみ
たいでした。

（アリスン＝アトリー作『麦畑』より）

〈その2〉

空の様子を「青いガラス」にたとえています。

　道を一つ曲がったとき、ふと、空がとても
まぶしいと思いました。まるで、みがき上げ
られた青いガラスのように……。

（安房直子作『きつねのまど』より）

〈その3〉

木を「大男の銅像」にたとえています。

風は　ぴたりとやんでいた
木はまるで　大男の銅像みたい
静かに静かに立っていた

（ジェイン＝ヨーレン作『月夜のみみずく』より）

比ゆ表現を使って情景描写しよう

年　組（　　　　　　　）

【ステップ二―なおす】次の作文は上の絵の情景を描写しています。より効果的に描写できるように「比ゆ表現」を使った情景描写に書きなおしましょう。

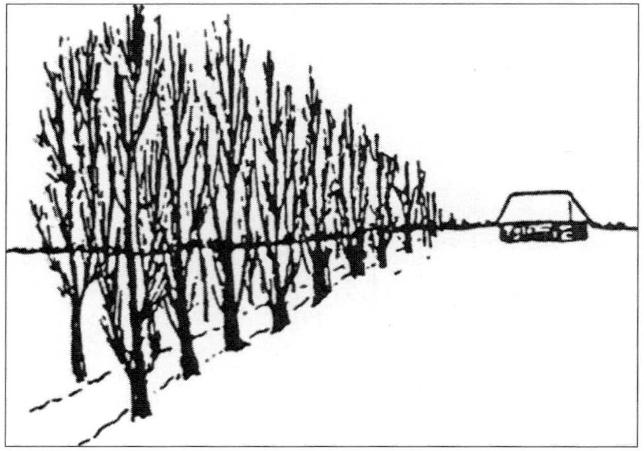

一本道が地平線のかなたまで続いている。その道の左右には、並木が続く。この並木道を少し行った右側には、ポツンと一けんの家がある。

比ゆ表現を使って情景描写しよう

年　組（　　　　　）

【ステップ三―つくる】　比ゆ表現を使った情景描写文を書きましょう。

題材・テーマ①　次の絵の情景を比ゆを使って描写しましょう。

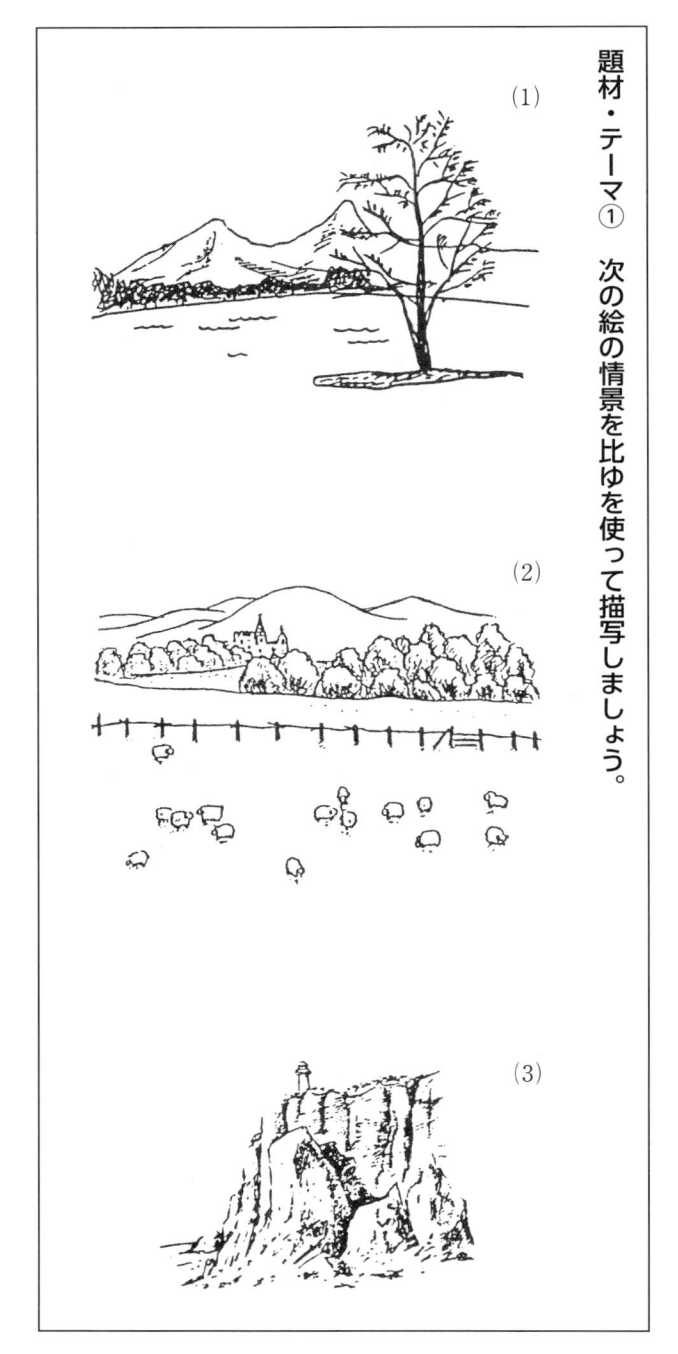

(1)

(2)

(3)

題材・テーマ②　名画の情景を比ゆを使って描写しましょう。

(1)

葛飾北斎「神奈川沖浪裏」

(2)

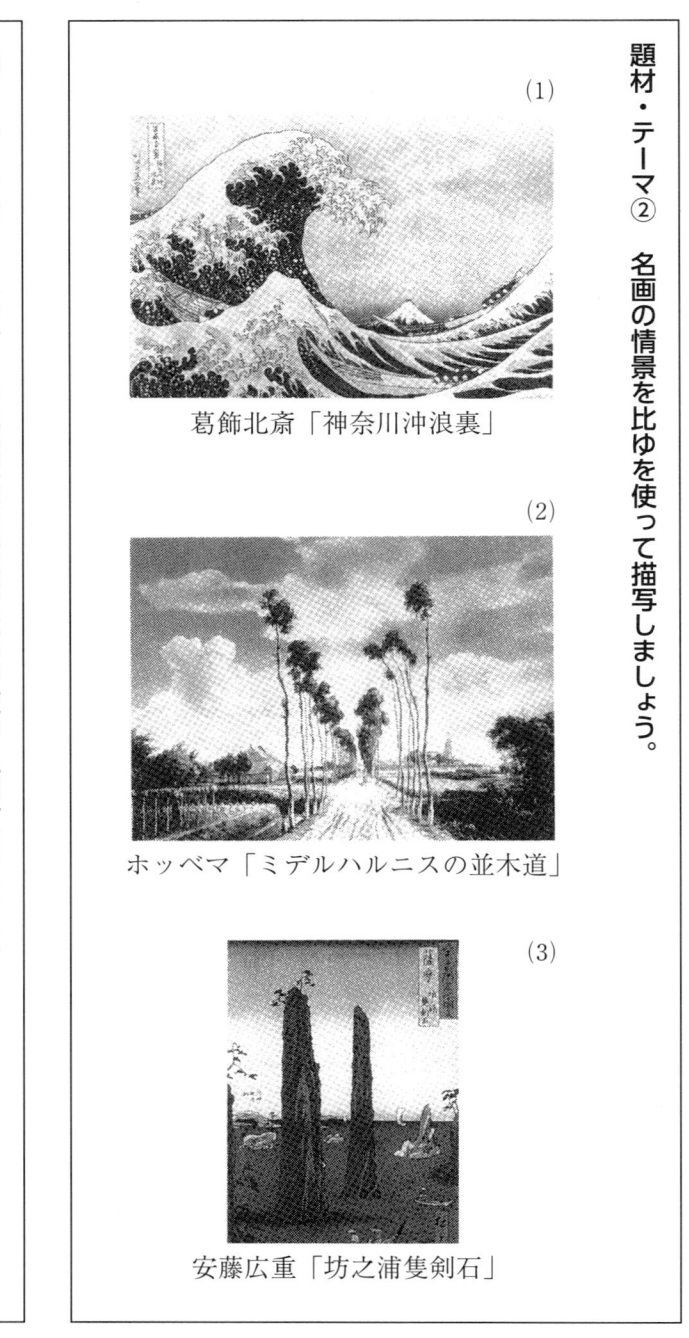

ホッベマ「ミデルハルニスの並木道」

(3)

安藤広重「坊之浦隻剣石」

題材・テーマ③　カレンダーの風景写真の情景を比ゆを使って描写しましょう。

題材・テーマ④　教科書の扉のカラー写真の情景を比ゆを使って描写しましょう。

題材・テーマ⑤　教室の窓から見える景色を比ゆを使って描写しましょう。

〔書き出し例〕
空には人の顔のような形の雲がうかんでいる。

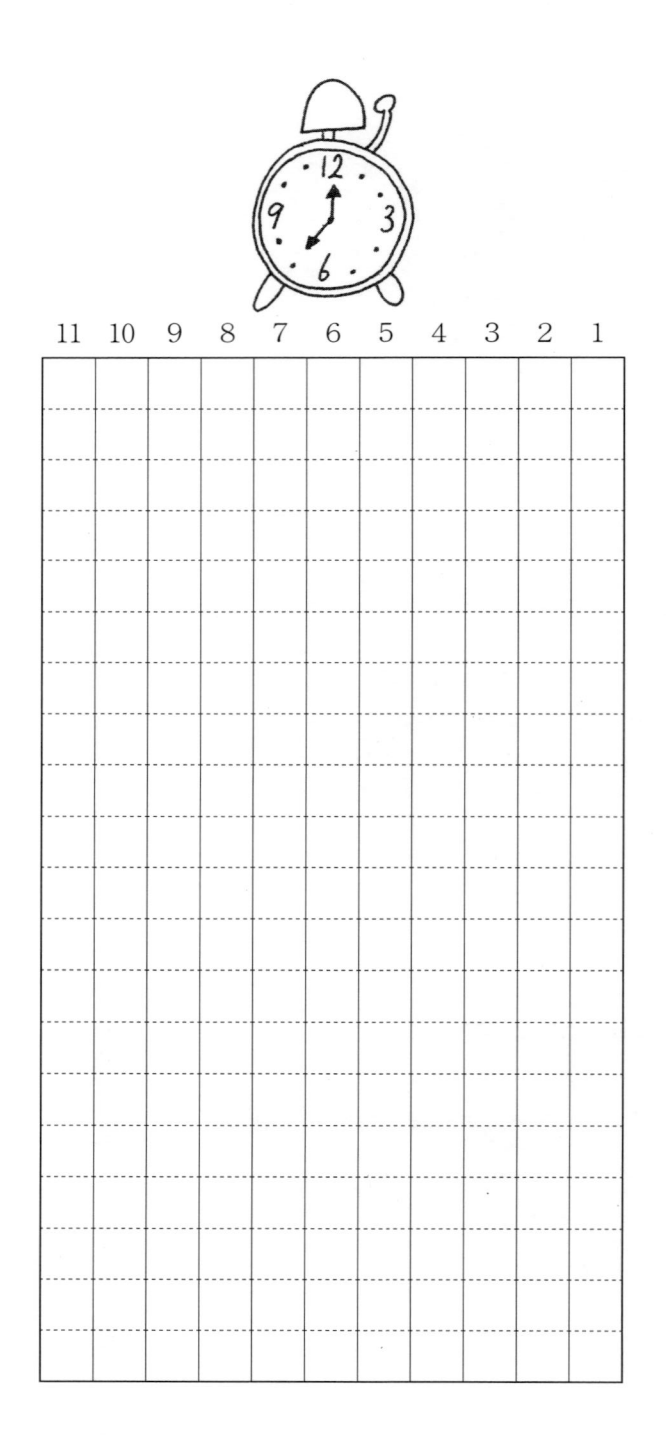

スピーチの原稿（げんこう）を書こう

年　組（　　　　　　　　）

【ステップ１―うつす】　次の作文はスピーチの原稿（げんこう）です。前半では自分が伝えたい「事実」について書いてあります。後半では、前半に書いた「事実」に対する自分の「意見」が書かれています。「事実」と「意見」のちがいに気をつけながら、正しくうつしましょう。

事実（1〜9）：自分が一番伝えたい事実を具体的に書きます。

意見（10〜11）：事実に対する自分の意見を書きます。

1	2	3	4	5	6	7	8	9	10	11
私は朝起こされても、なかなか起きること	ができません。以前は目ざまし時計がありま	した。しかし、その目ざまし時計は音が小さ	くて目がさめませんでした。そこで、新しい	目ざまし時計を買いました。今度は音の大き	い目ざまし時計です。ところが、この時計の	音にもだんだん慣（な）れてきて、とうとう聞こえ	なくなってしまいました。結局、この時計は	母が使っています。	今では、私の早起きはとても無理なことだ	と自分であきらめています。

スピーチの原稿を書こう

年　組（　　　　　）

【ステップ二―なおす】

次の作文はスピーチの原稿です。ところが、文の順序がバラバラです。

まず、それぞれの文が「事実」なのか「意見」なのか（　）に書きましょう。

次に、正しい順序になるように□に番号を書き入れましょう。正しく書き入れたら書きなおしましょう。

- □ この人形の顔は私に似ていると思います。（　　）
- □ そして、その人形の首をはずすと、さらに同じ形をした人形が出てきます。（　　）
- □ この人形は首がはずれます。（　　）
- □ だから、親しみがあります。（　　）
- □ 私の宝物は母がロシアから買ってきてくれた人形です。（　　）
- □ その中からまた、同じ形をした人形が出てきます。（　　）
- □ この人形をずっと大切にしていこうと思っています。（　　）
- □ 結局、全部で十個の人形が出てきます。（　　）
- □ それをくり返していくと、出てくる人形がだんだん小さくなります。（　　）

スピーチの原稿を書こう

年　組（　　　　　　）

【ステップ三―つくる】　ステップ一・二のスピーチの原稿を参考にして、事実→意見の順序でスピーチの原こうを書きましょう。

題材・テーマ①　次の中からテーマを選んで「スピーチの原稿」を書きましょう。

(1)　私の最大の失敗
(2)　私の宝物
(3)　私にとって今年最大の出来事
(4)　私が最も尊敬する人
(5)　友達
(6)　夏（冬・春）休みの出来事

〔(1)の書き出し例〕
私にはこんな失敗の経験があります。私が小学校二年生の時のことです。

〔(2)の書き出し例〕
ぼくの宝物は〇〇〇です。ぼくはこの〇〇〇を～で買ってきました。

〔(3)の書き出し例〕
私にとって今年最大の出来事はずっとほしかった〇〇〇をクリスマスの日に買ってもらったことです。

〔(4)の書き出し例〕
ぼくが一番尊敬しているのは父です。父は会社から帰ってくると、ぼくと必ず遊んでくれます。

〔(5)の書き出し例〕
私にはたくさんの友達がいます。その中でも特になかよしの友達は〇〇〇さんです。

〔(6)の書き出し例〕
私はこの夏休みに京都へ家族旅行してきました。夏の京都はとても暑くて、

題材・テーマ②　〔例〕を見て「今学期（今年度）の反省」というテーマでスピーチの原稿を書きましょう。

例

事実　今からぼくの今学期の反省をします。
わたしが今学期（今年度）がんばったのは（　　　　　）です。
逆にがんばれなかったのは（　　　　　）です。

意見　来学期（来年度）は（　　　　　）をがんばろうと思います。

題材・テーマ③　〔例〕を見て「ニュースの紹介」というテーマでスピーチの原稿を書きましょう。

例

事実　わたしは（　）月（　）日の（　　）新聞に出ていたニュースを紹介します。
（いつ・どこで・だれが・なにを・どうした）というニュースです。

意見　このニュースを読んで、わたしは～と考えました。
これでニュースの紹介を終わります。

題材・テーマ④　〔例〕を見て「本の紹介」というテーマでスピーチの原稿を書きましょう。

例

事実　今から本の紹介をします。
この本の題名は（　　　　　　）です。
作者名は（　　　　）です。
この本のあらすじは、～です。

意見　この本のおもしろかったところは、～です。
これで本の紹介を終わります。

引用を使った意見文を書こう

年　組（　　　　　　　　）

【ステップ1―うつす】 次の作文は上の詩の「引用」を使った意見文です。引用した文は「　」をつけて自分の意見とはっきり分けて書きます。
このことに気をつけながら正しくうつしましょう。

ゆきのなかの　こいぬ
すずき　としちか

どこから　きたの
こんなに　ふっているのに

そっちへ　いっちゃ　だめ
みえないけれど
どぶがあるよ
そっちへ　いっちゃ　だめ
かきねの　まわりに
とげとげの
はりがねが　ついているよ

さむいのね
そんなに　ふるえて
さあ
ついていらっしゃい

構成		行	作文
初	問いを立てる	1	雪は大ぶりか、小ぶりか。
	問いに答える	2	雪は大ぶりだと考える。
中	理由を述べる（「　」は引用）	3	なぜか。
	理由一	4	第一に、「こんなにふっているのに」と書
		5	かれているからだ。
	「もし～はずである」と仮定（かてい）する。	6	もし、雪が小ぶりなら「こんなに」とは書
		7	かないはずである。
	「しかし～」でそうではないことを示す。	8	しかし、わざわざ「こんなに」と書いてあ
		9	るのである。
	理由二	10	第二に、「みえないけれどどぶがあるよ」
		11	と書かれているからだ。
	「もし～はずである」と仮定する。	12	もし、雪が小ぶりならどぶは見えたはずで
		13	ある。
	「しかし～」でそうではないことを示す。	14	しかし、どぶが見えなくなるほどふってい
		15	るのである。
終	結論（けつろん）を述べる	16	だから、雪は大ぶりだと考える。

引用を使った意見文を書こう

年　組（　　　　　）

【ステップ二ーなおす】　次の作文はステップ一の詩「ゆきのなかの　こいぬ」についての意見文です。ところが、「引用」がなく、結論の理由がはっきりしません。ステップ一の意見文を参考にしながら、正しく「引用」された意見文に書きなおしましょう。

ゆきのなかの　こいぬ
すずき　としちか

どこから　きたの
こんなに　ふっているのに

そっちへ　いっちゃ　だめ
みえないけれど
どぶが　あるよ
そっちへ　いっちゃ　だめ
かきねの　まわりに
とげとげの
はりがねが　ついているよ

さむいのね
そんなに　ふるえて
さあ
ついていらっしゃい

⬆

こいぬは動いているか、動いていないか。
動いていると考える。

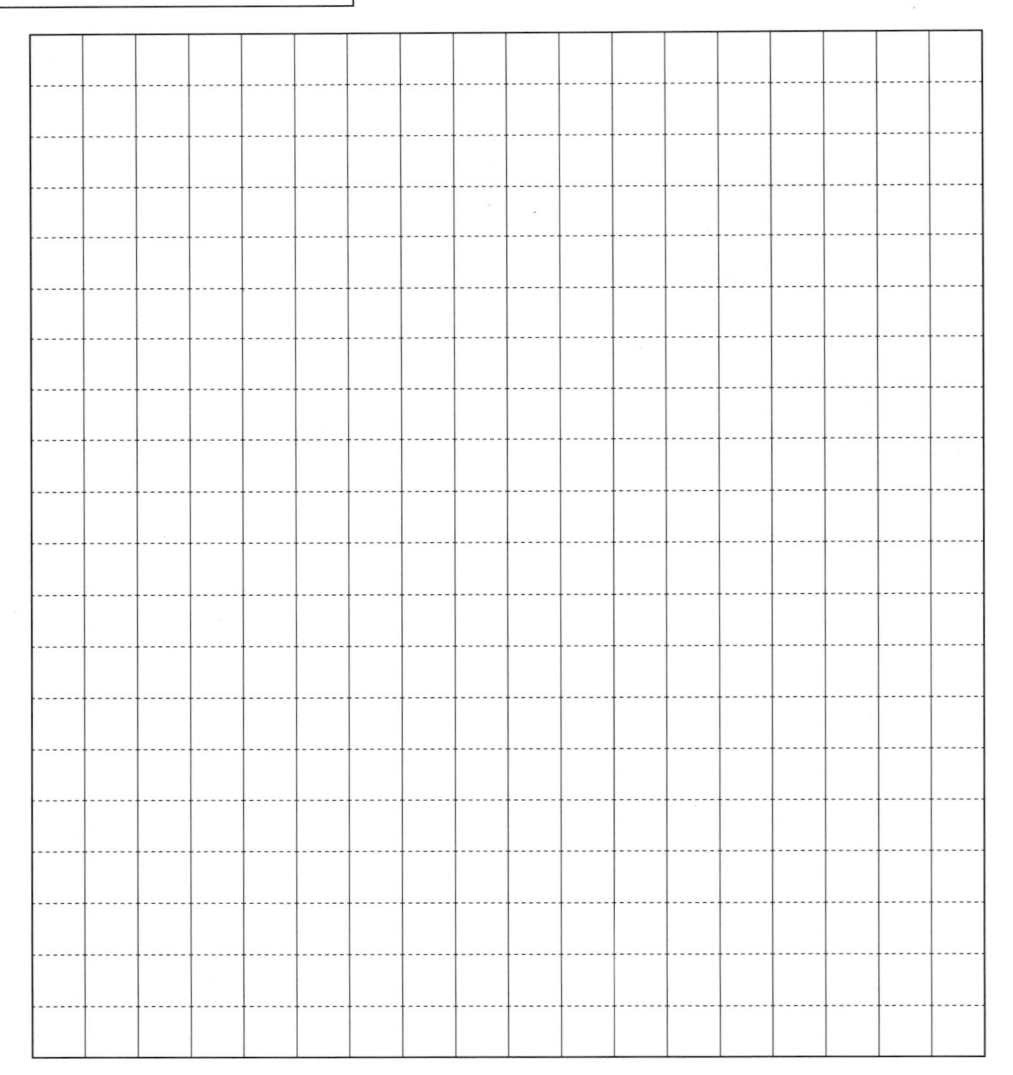

引用を使った意見文を書こう

年　組（　　　　　　）

【ステップ三―つくる】　ステップ一・ステップ二で書いた意見文の形式を使って「引用」を使った意見文を書きましょう。

山の歓喜（かんき）

河井　酔茗（すいめい）

あらゆる山が歓（よろこ）んでいる
あらゆる山が語っている
あらゆる山が足ぶみして舞（ま）う、踊（おど）る
あちらむく山と
こちらむく山と
合ったり
離（はな）れたり
出てくる山と
かくれる山と
低くなり
高くなり
家族のように親しい山と
他人のように疎（うと）い山と
遠くなり
近くなり
あらゆる山が
山の日に歓喜し
山の愛にうなずき
今や
山のかがやきは
空いっぱいにひろがっている

題材・テーマ①　上の詩の「季節」はいつでしょうか。引用を二か所以上用いて意見文を書きましょう。

【書き出し例】
この詩の季節はいつだろうか。
わたしは春だと考える。

題材・テーマ②　上の詩の語り手は今どこにいるのでしょう。次の中から選び、引用を二か所以上用いて意見文を書きましょう。

(1)　山のふもと	(2)　山の頂上（ちょうじょう）
(3)　走る電車の中	(4)　その他

［書き出し例］
この詩の語り手は今どこにいるのか。
ぼくは山のふもとだと考える。

題材・テーマ③　上の詩の語り手は喜んでいるでしょうか、悲しんでいるでしょうか。引用を二か所以上用いて意見文を書きましょう。

［書き出し例］
この詩の語り手は喜んでいるか、悲しんでいるか。
わたしは喜んでいると考える。

説明文を書こう

年　組（　　　　　）

【ステップ一―うつす】　次の作文は「楽器」についての説明文です。正しくうつして書き方を覚えましょう。

	1	2	3	4	5	6	7	8	9	10	11	12	13

構成	文の役割	行	文
初	話題提示文（何の説明をしていくのか方向づける）	1	楽器は、そのしゅるいによって、いろいろ
		2	な音を出すことができます。
	問いかけ文（問題を出している）	3	楽器は、音の出し方で、どんななかまに分
		4	けられるでしょうか。
中	具体例一（問いかけに対する答え①）	5	一つ目は、たたいて音を出すなかまです。
		6	たいこがそうです。
	具体例二（問いかけに対する答え②）	7	二つ目は、糸をはじいたりこすったりして
		8	音を出すなかまです。ギターやバイオリンが
		9	そうです。
	具体例三（問いかけに対する答え③）	10	三つ目は、いきをふきこんで音を出すなか
		11	までです。ふえがそうです。
終	まとめの文（答え①～③をまとめる）	12	このように、楽器は、音の出し方で、大き
		13	く三つのなかまに分けられるのです。

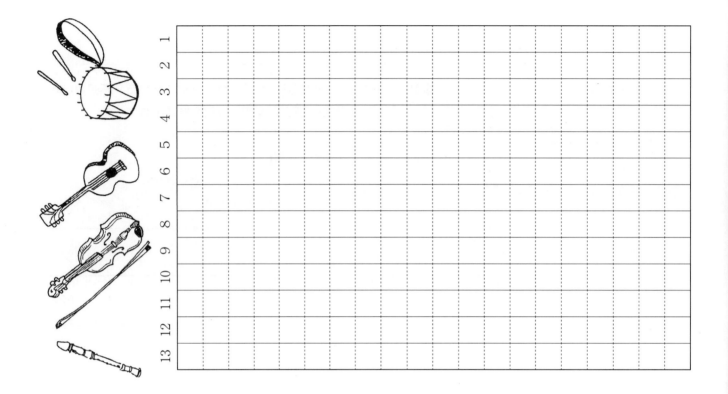

（『あつまれ、楽器』こくご一上　平成四年度版　光村図書の改作）

説明文を書こう

年　　組（　　　　　　　　　　）

【ステップ二―なおす】　次の作文は「自動車」についての説明文です。ところが、文の順序がバラバラです。ステップ一の説明文を参考にしながら、正しい順序になるように□に番号を書き入れましょう。正しく書き入れたら書きなおしましょう。

□ そのため、車体がかたむかないようにしっかりしたあしがついています。
□ 自動車は目的によって、どんな作りになっているのでしょうか。
□ トラックは荷物を運びます。
□ そのため、座席のところが広く作ってあります。
□ 道路には毎日いろいろな自動車が走っていますね。
□ クレーン車は重いものをつり上げます。
□ このように、自動車は目的によっていろいろな作りをしているのです。
□ そのため、広い荷台がついています。
□ バスは人をのせて運びます。

（『じどう車くらべ』こくご一上　平成八年度版　光村図書の改作）

説明文を書こう

年　組（　　　　　　）

【ステップ三―つくる】　ステップ一・ステップ二で書いた説明文の形式を使って簡単（かんたん）な説明文を書きましょう。

題材・テーマ①　日本の文字にはどんな種類があるのかを説明する文章を書きましょう。
（ひらがな・かたかな・漢字・ローマ字）

〔書き出し例〕
私たちにとって「文字」はなくてはならないものです。

題材・テーマ②　ごみにはどんな種類があるのかを説明する文章を書きましょう。
（燃（も）えるごみ・燃えないごみ・粗（そ）大ごみ）

〔書き出し例〕
ごみはその種類によって名前がちがいます。

題材・テーマ③　お札に描（えが）かれている人物はどんな人たちなのかを説明する文章を書きましょう。
（千円札・五千円札・一万円札）

〔書き出し例〕
お札にはいろいろな人が描かれています。

題材・テーマ④　犬の声の出し方にはどんな種類があるのかを説明する文章を書きましょう。
（うれしいとき・悲しいとき・おこったとき）

〔書き出し例〕
犬は人間のようにいろいろな声の出し方をしています。

題材・テーマ⑤　時計の針（はり）にはどんな種類があるのかを説明する文章を書きましょう。（長針・短針・秒針（びょうしん））

〔書き出し例〕
時計には針がついていますね。

題材・テーマ⑥　政治（せいじ）の仕組みについて説明する文章を書きましょう。（国会・内閣・裁判所）

〔書き出し例〕
政治は私たちの生活に大きな影響（えいきょう）をあたえます。

題材・テーマ⑦　信号の色を説明する文章を書きましょう。（赤色・黄色・青色）

〔書き出し例〕
信号を見たことのない人はいないと思います。

題材・テーマ⑧　自分で調べたことを説明する文章を書きましょう。

図を使った説明文を書こう

年　組（　　　　　　　　）

【ステップ一―うつす】 次の作文は「こん虫の口のつくり」についての説明文です。この説明文は上の図を使って説明しています。正しくうつして書き方を覚えましょう。

1
2
3
4
5
6
7
8
9
10
11

初
話題提示（ていじ）文（説明の方向づけ）
問いかけ文（問題を出している。）

中
具体例①
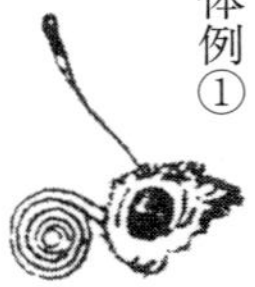
具体例②

終
まとめの文（答え①～②をまとめる。）

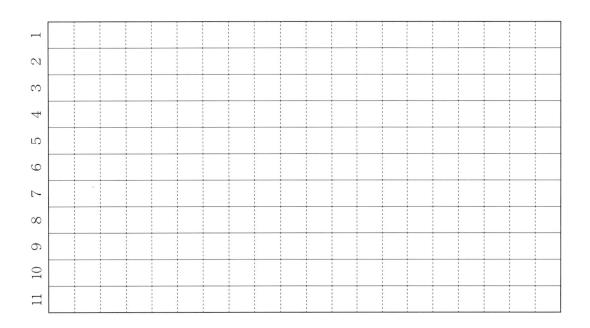

1 ⬇ 上の図はいろいろなこん虫の口です。
2 ⬇ 　こん虫の口は食べるものによってどんなつ
3 くりになっているのでしょうか。
4 ⬇ 　①の図はチョウの口です。チョウの口は花
5 のみつをすいこむのにつごうよく、やわらか
6 いストローのようになっています。
7 ⬇ 　②の図はカブトムシの口です。カブトムシ
8 の口は木のしるをなめるために、はけのよう
9 になっています。
10 ⬇ 　このように、こん虫の口は食べるものに合
11 ったつくりになっているのです。

（『こん虫の口と食べ物』小学国語三上　平成七年度　日本書籍の改作）

図を使った説明文を書こう

年　組（　　　　　　　）

【ステップ二―なおす】

次の作文は「動物の足のつくり」についての説明文です。ところが、文も図も順序(じゅんじょ)がバラバラです。ステップ一の説明文を参考にしながら、正しい順序になるように□に番号を書き入れましょう。正しく書き入れたら書きなおしましょう。

また、図もきりとって正しい順序にはりかえましょう。

①

②

□ らくだは、さばくのすなにしずまないように、足のうらが広がっています。

□ そのいろいろな動物の足はどんな様子をしているのでしょうか。

□ ②の図は北極ぐまの足です。

□ このように、動物の足は住んでいる場所にあったつくりになっているのです。

□ 上の図はいろいろな動物の足です。

□ 北極ぐまは、氷の上でもすべらないように、足のうらにじょうぶな毛がはえています。

□ ①の図はらくだの足です。

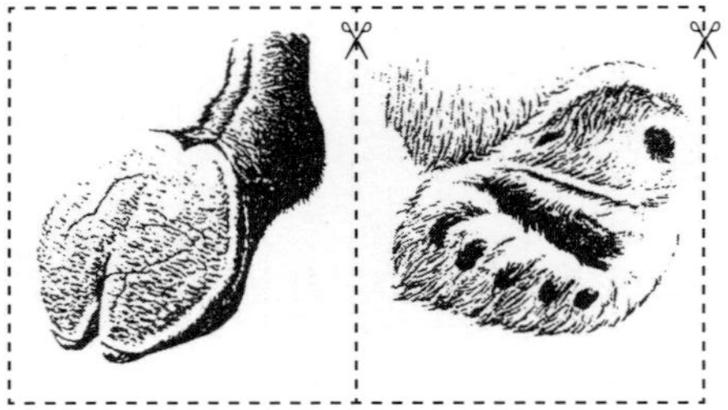

（『どうぶつの　あし』こくご一上　平成四年度版　光村図書の改作）

図を使った説明文を書こう

年　組（　　　　　）

【ステップ三―つくる】　ステップ一・ステップ二で書いた説明文の形式を使って図を使った説明文を書きましょう。

題材・テーマ①　次のアニメキャラクターの性格を説明する文章を書きましょう。

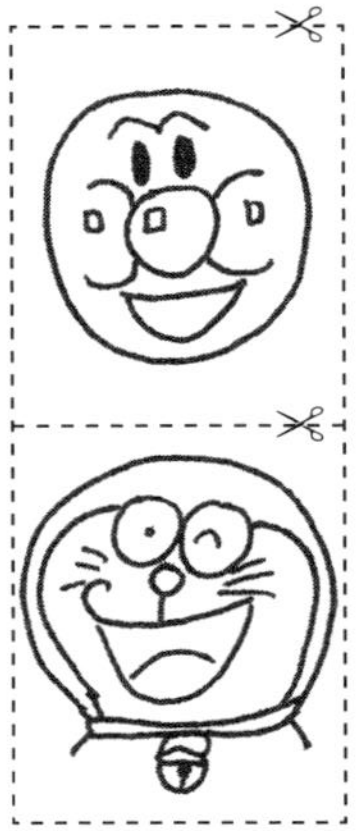

題材・テーマ②　次の地図記号が何の記号なのかを説明する文章を書きましょう。

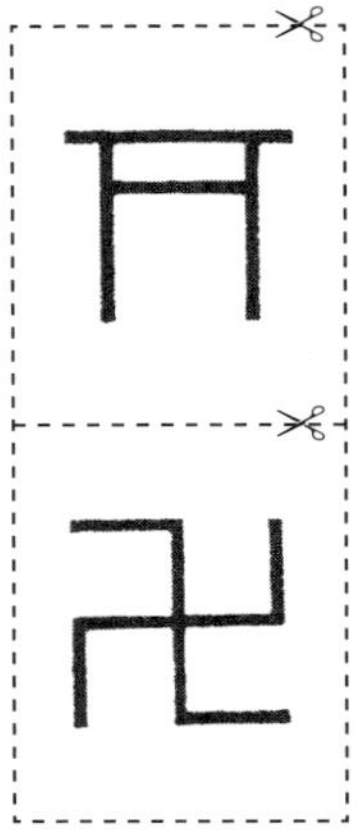

題材・テーマ③　次のボールが何のスポーツのボールなのかを説明する文章を書きましょう。

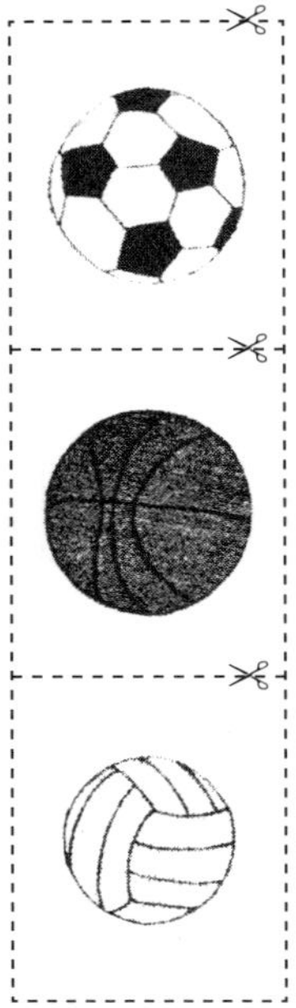

題材・テーマ④　次の歴史上の人物はだれでどんな性格なのかを説明する文章を書きましょう。

題材・テーマ⑤　次の植物のたねはどうやって遠くへ移動するのかを説明する文章を書きましょう。

説得文を書こう

年　組（　　　　　　　　）

【ステップ一―うつす】　次の作文は「しば犬」を買ってもらうためにお父さんを説得した文章です。正しくうつして書き方を覚えましょう。

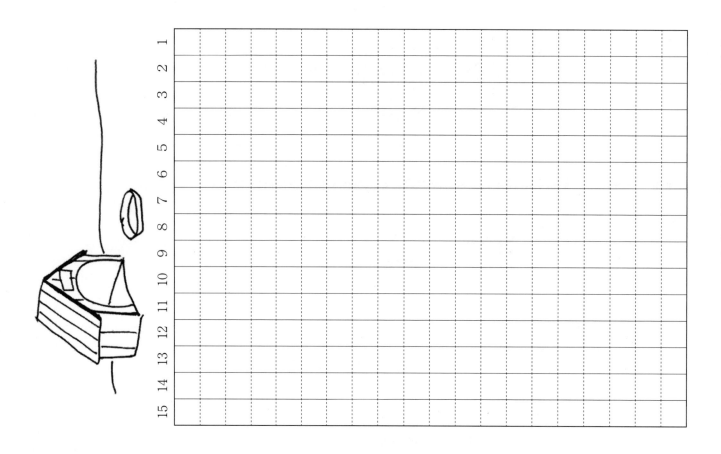

- 1 ➡ だれに対して何をしてほしいのか書く。
- 3 ➡ その理由を述べる。
- 5 ➡ ほしいものや、してほしいことのようすを描写する。
- 7 ➡ 反対されそうなことを先に書いてしまう。
- 10 ➡ 「なるほど、確かに」で相手の考えを受け入れる。
- 12 ➡ 「しかし」で相手の反対理由をくずす。
- 14 ➡ もう一度お願いする。

　お父さん、ぼくはどうしてもしば犬を買ってほしいのです。

　なぜかというと、ぼくはペットを飼いたいのです。

　しば犬はあまり大きくならないので、いつまでもかわいらしい犬です。

　それでも、お父さんは、

「犬の散歩をきちんとできるのか。」

と思うでしょう。

　なるほど、確かに、犬の散歩は毎日たいへんです。

　しかし、れい君が毎日犬の散歩をしているので、一しょに行くことにすれば忘れません。

　だから、お父さん。しば犬を買ってください。

説得文を書こう

年　組（　　　　　　）

【ステップ二―なおす】

次の作文は「パソコン」を買ってもらうためにお母さんを説得した文章です。ところが、文の順序（じゅんじょ）がバラバラです。ステップ一の説得文を参考にしながら、正しい順序になるように□に番号を書き入れましょう。

正しく書き入れたら書きなおしましょう。

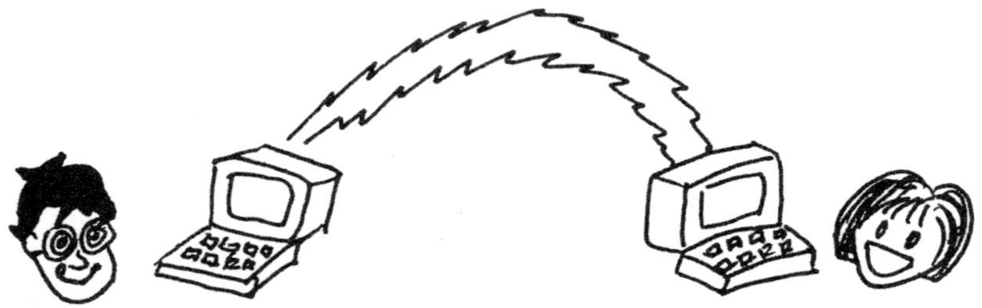

□ なるほど、確（たし）かに、パソコンの置き場に困（こま）るでしょう。

□ それでも、お母さんは、「パソコンをどこに置くのか。」と思うでしょう。

□ なぜかというと、わたしはインターネットをしたいのです。

□ しかし、わたしの部屋のベッドの場所をかえれば置けそうです。

□ パソコンは他の県にいる知らない友達と通信することができます。

□ だから、お母さん。パソコンを買ってください。

□ お母さん、わたしはどうしてもパソコンを買ってほしいのです。

説得文を書こう

年　組（　　　　　）

【ステップ三─つくる】　ステップ一・ステップ二で書いた説明文の形式を使って簡単（かんたん）な説得文を書きましょう。

題材・テーマ①　あなたがどうしてもほしいもの（ゲーム・サッカーボールなど）を買ってもらえるように説得文を書きましょう。

〔書き出し例〕
お母さん、ぼくはどうしてもプラモデルを買ってほしいのです。

題材・テーマ②　あなたがどうしても行きたいところ（ディズニーランド・東京ドームなど）へ行かせてもらえるように説得文を書きましょう。

〔書き出し例〕
お父さん、わたしはどうしてもハワイへ行きたいのです。

題材・テーマ③　あなたがどうしてもさせてほしいこと（習いごと・ぼうけんなど）をさせてもらえるように説得文を書きましょう。

〔書き出し例〕
お兄さん、ぼくはどうしてもお兄さんのバイクに乗らせてほしいのです。

題材・テーマ④　あなたがどうしてもやめてほしいこと（たばこ・宿題など）をやめてもらえるように説得文を書きましょう。

〔書き出し例〕
先生、わたしはどうしても宿題を出すのをやめてほしいのです。

題材・テーマ⑤　あなたがどうしても休ませてほしいこと（じゅく・学校など）を休ませてもらえるように説得文を書きましょう。

〔書き出し例〕
お母さん、ぼくはどうしても今日はじゅくを休ませてほしいのです。

反論する意見文を書こう

年　組（　　　　　　）

【ステップ一―うつす】　次の作文は「ごみのない住みよい町に」に対する反論の意見文です。「引用の仕方」「反論の仕方」に気をつけながら正しくうつしましょう。

「ごみのない住みよい町に」

中尾　由美

わたしは、青少年の一人として、この水口町（みなくちちょう）を、ごみの落ちていない明るく美しい町にしていきたいと思います。特に、山や道路、公園には、一つもごみが落ちていないようにしたいのです。そのためには、水口町に住む人全員の協力が必要になってきます。まず身のまわりから、そして、水口町全体にごみ拾い運動が広がれば、すばらしいと思います。

私だけがごみの処理（しょり）について考えているのかと思い、先日、母に聞いてみました。母は、私と同じ考えをもっていました。美しく住みよい町にしたいと願わない人はだれもいません。

今、滋賀（しが）県では、温かい心の通った町づくりが進められ、風景条例（じょうれい）というのも作られました。

しかし、たとえりっぱな道路ができても、一つのごみによって値（ね）打ちがなくなってしまいます。

ごみのない住みよい水口町。いつか、祖母（そぼ）が言っていたような山によみがえり、また、一人一人の心の中にも、いま以上に温かい心が生まれてくることを願って、わたしは、一日一つのごみ拾いを提案（ていあん）します。

（「小学国語　六下」大阪書籍　平成四年度版より引用）

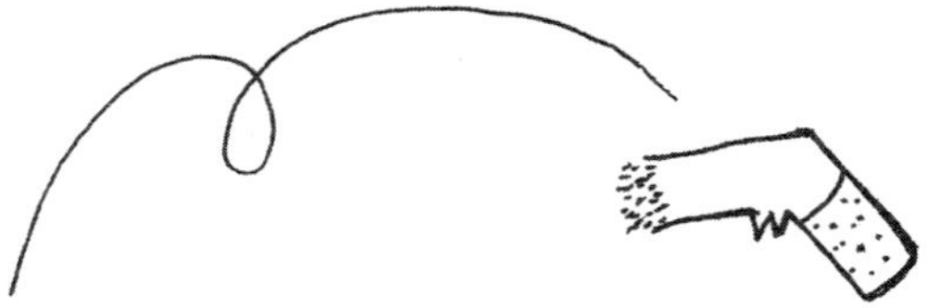

- 1 ←「反対」であることをはっきり書く。
- 2 ←「反対」する部分の引用をする。
- 5 ←「しかし」で引用部分を否定（ひてい）する。
- 6 ←「第一に」と反対の理由を述（の）べる。
- 9 ←「第二に」と反対の理由を述べる。
- 12 ←「だから」で結論を述べる。

1　私は中尾さんの意見に反対である。
2　　中尾さんは「ごみのない住みよい水口町」
3　にするために「一日一つのごみ拾いを提案し
4　ます。」と言う。
5　　しかし、この意見はおかしい。
6　　第一に、これを聞いて「一日一つのごみ拾
7　い」を実行する人がいるだろうか。おそらく
8　いないだろう。
9　　第二に、もしも、水口町の人が全員で「一
10　日一つのごみ拾い」を実行したとしても、そ
11　の程（てい）度（ど）で水口町のごみはなくならない。
12　　だから、中尾さんの意見はおかしいのであ
13　る。

反論する意見文を書こう

年　組（　　　　　　　）

【ステップ二―なおす】

次の作文は「やめてください、めいわく駐車」に対する「反論の意見文」です。アの「駐車禁止の看板を立てる」ことについて反論しています。ところが文の順序がバラバラです。

正しい順序になるように□に番号を書きましょう。正しく書けたら書きなおしましょう。

「やめてください、めいわく駐車」

大江　一嘉

一月も終わりに近い土曜日の午後のことです。いつものとおり、トラックが、ぼくの家の西側の歩道に片方のタイヤを乗り上げ、駐車していました。そこへ、十トンぐらいの大型トラックがやって来ました。そして、なんとか通りぬけようとハンドルを操作していましたが、やはり通れず、クラクションを何回も鳴らしました。近所が、とてもうるさい思いをしました。通ろうとしたトラックは、仕方なく、直進して走り去りました。この間、二百メートルほども自動車がじゅうたいしていました。母が、「なんとかならないかね。」と、腹立たしそうに言いました。

ぼくは、このような「めいわく駐車」を防ぐ方法として、次のようなことを提案したいと思います。

ア　駐車禁止の看板を立てる。

イ　駐車している車にステッカーをはる。

ウ　駐車できないように、花を植えたプランターを置く。

エ　警察の人にとりしまってもらう。

（「小学校国語　６下」学校図書　平成八年度版より部分省略引用）

□　つまり、看板では「めいわく駐車」はなくならない。

□　第二に、もしも、この場所には駐車しなくなっても他の場所に駐車するだろう。

□　私は大江さんの意見に反対である。

□　だから、大江さんの意見はおかしいのである。

□　しかし、この意見はおかしい。

□　第一に、駐車禁止の看板がある場所に駐車している車は多い。

□　つまり、「めいわく駐車」がなくなったわけではない。

□　大江さんは「めいわく駐車」を防ぐために「駐車禁止の看板を立てる。」と言う。

反論する意見文を書こう

年　組（　　　　　）

【ステップ三―つくる】 ステップ一・ステップ二で書いた意見文の形式を使って反論の意見文を書きましょう。

題材・テーマ①　ステップ二の「やめてください、めいわく駐車」の「イ・ウ・エ」どれかを引用し、反論の意見文を書きましょう。

題材・テーマ②　次の意見文に対して反論しましょう。

「乗客無関心に感じる冷たさ」　大学生　I・K

岡山で女高生二人が列車内で酔っ払いにからまれたがだれも制止せず、泣きながら途中下車したという記事があった。埼玉でも類似の事件があり、女の子を助けたのは外国人英会話講師だったと地方版に報じられていたが、彼はだれ一人として彼女らを助けようとしなかった日本人の冷酷さに憤慨していた。

岡山の一件でクローズアップされたのは、校長、教頭が同じ車両に乗り合わせていながら自校の生徒を助けなかった点だが、本当に問題なのは一人の人間として彼らも他の乗客同様に無関心の態度を取ったことである。

昨今、〝ボランティア族〟と造語されるほどにボランティア活動をする人が増えている。さらに、日本の政府開発援助（ODA）は世界一位を占めている。しかし、すぐそばで困っている人や危険にさらされている人を助けられないとは、一体どういうことなのか。

日本人の心が刻一刻と冷たさを増しているように思えてならない。

（「読売新聞」平成六年十一月二日の記事より）

題材・テーマ③　次の意見文に対して反論しましょう。

「きかぬ生徒に体罰やむなし」　大学生　S・Y

福岡で起きた「生き埋め」事件の〝被害者〟が、学校等を相手に訴訟を提起した。私はこうなると考えていた。原告側の少年は精神的苦痛を受けただの、教育を受ける権利を侵害されただの言っているが、なぜ、このような結果になったのか、反省しているのだろうか。

そもそも、この体罰は〝被害者〟たる少年が恐喝を働いたのが主原因で、本来なら直接、警察に引き渡しても不思議ではないのに、あえて反省を求めるためにとられた措置ではないかと思う。

体罰を容認する風潮を戒めるために提訴したというが、校長先生はさぞ無念だったろう。私は体罰を是認はしないが、口頭で注意しても反省しない場合は、やむを得ないと思う。それよりも、悪いことをしても、権利の美名のもとに、それがうやむやにされて結局、反省する機会を作らない事なかれ主義の風潮こそ、戒められて当然と考える。

（「読売新聞」平成三年三月二七日の記事より）

題材・テーマ④　ステップ一の「ごみのない住みよい町に」に対する反論の意見文（例文）に反論する意見文を書きましょう。

ステップ2ワークの解答・解答例

文を　つくろう

ねん　くみ（　　　　　）

【ステップ二―なおす】　上の　カードと　下の　カードを　つなげて　えに　あう　文を　つくりましょう。

〈その1〉

あかちゃんはちいさいです。

〈その2〉

おばけがでた。

〈その3〉

あめがふりました。

〈その4〉

せんせいはやさしい。

上の カード	下の カード
おばけ	ちいさいです。
せんせい	ふりました。
あかちゃん	やさしい。
あめ	でた。

げんこうようしを　正しく　つかおう

ねん　くみ（　　　　　）

【ステップ二―なおす】　つぎの　さく文は　げんこうようしの　つかいかたが　まちがって　います。ステップ一の　かきかたを　よく　みて　正しく　かきなおしましょう。

〈その1〉

おばけやしき
　　　　　　　　　　あさのたかお
ぼくはゆうえんちのおばけやしきに
いってきました。

→

　おばけやしき
　　　　　　　　　　あさのたかお
　ぼくはゆうえんちのおばけやしき
にいってきました。

〈その2〉

ベンのさんぽ　　うえだひさお
　　ベンのさんぽはぼくのしごとて
す。ベンもたのしみにしています。

→

　ベンのさんぽ
　　　　　　　うえだひさお
　ベンのさんぽはぼくのしごとです。
ベンもたのしみにしています。

はなしことばに「　」を　つけよう

ねん　くみ（　　　　　）

【ステップ二―なおす】　つぎの　さく文には　はなしことばの「　。」が　ついて　いません。「　。」を　つけて　正しく　かきなおしましょう。

〈その1〉

　お父さんがいいました。
やっとちょうじょうについたぞ。

→

　お父さんがいいました。
「やっとちょうじょうについたぞ。」

〈その2〉

　ぼくはおんがくが大すきです。お
かあさんに、
ぼくはおんがくのべんきょうが一ば
んすきだ
と、いうと、
あなたはさっきょくかになれるね。
と、いわれました。

→

　ぼくはおんがくが大すきです。お
かあさんに、
「ぼくはおんがくのべんきょうが一
ばんすきだ。」
と、いうと、
「あなたはさっきょくかになれるね。」
と、いわれました。

かたかなを　正しく　つかおう

ねん　くみ（　　　　　）

【ステップ二―なおす】　つぎの　さく文は　かたかなを　つかって　いません。かたかなに　しなくては　いけない　ところを　かたかなに　して　かきなおしましょう。

　じぇえむすはいぎりす人です。こ
としの五月に、わたしたちのくらす
にてんこうしてきました。じぇえむ
すはくらすのにんきものです。
　とくいなさるのまねをして、
「きゃっきゃっ。」
と、おおさわぎします。
　また、さっかあもとくいです。と
おくからしゅうとをします。ぼうる
がしゅうっと音をたてて、ごおるに
つきささります。

→

　ジェームスはイギリス人です。こ
としの五月に、わたしたちのクラス
にてんこうしてきました。ジェーム
スはクラスのにんきものです。
　とくいなさるのまねをして、
「キャッキャッ。」
と、おおさわぎします。
　また、サッカーもとくいです。と
おくからシュートをします。ボール
がシューッと音をたてて、ゴールに
つきささります。

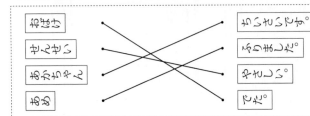

マル（。）と テン（、）の うちかた

ねん　くみ（　　　　　　）

【ステップ二ーなおす】 つぎの さく文には マルと テンの うちかたが まちがっている ところが あります。正しく かきなおしましょう。

〈その１〉

ぼくは、きのう、こわいゆめをみました。

→

ぼくは、きのう、こわいゆめをみました。

〈その２〉

きのうのよる、かぞくではなびをしました。
たのしかったです。

→

きのうのよる、かぞくではなびをしました
。たのしかったです。

〈その３〉

ぼくはそらをみた。くじらのようなくもが、
ぽっかりとうかんでいた。

→

ぼくはそらをみた。くじらのようなくもが
、ぽっかりとうかんでいた。

くっつきの「は」の つかいかた

ねん　くみ（　　　　　　）

【ステップ二ーなおす】 つぎの 文には おかしな ところが あります。正しく かきなおしましょう。

〈その１〉

ぼくは　おとこのこです。

→

ぼくわ　おとこのこです。

〈その２〉

ろけっとは　はやい。

→

ろけっとわ　はやい。

〈その３〉

いぬは　ほえる。

→

いぬ　はほえる。

〈その４〉

わは　まるい。

→

わ　はまるい。

〈その５〉

ぼくは　わすれものをしてしまい
ました。

→

ぼくわ　はすれものをしてしまい
ました。

〈その６〉

あのこは　わるいこだ。

→

あのこわ　はるいこだ。

くっつきの「を」の つかいかた

ねん　くみ（　　　　　　）

【ステップ二ーなおす】 つぎの 文には おかしな ところが あります。正しく かきなおしましょう。

〈その１〉

ぼくは　おばけを　みました。

→

ぼくは　おばけお　みました。

〈その２〉

いぬが　ねこを　おいかける。

→

いぬが　ねこお　おいかける。

〈その３〉

くもが　たいようを　かくす。

→

くもが　たいよう　をかくす。

〈その４〉

ねこが　かおを　なでる。

→

ねこが　かお　をなでる。

〈その５〉

おとこのひとが　かばんを　おい
た。

→

おとこのひとが　かばんお　をい
た。

〈その６〉

ひろしくんは　おはしを　おとし
ました。

→

ひろしくんは　おはしお　をとし
ました。

「音」を さく文に いれよう

ねん　くみ（　　　　　　）

【ステップ二ーなおす】 つぎの 文は 上の まんがを みて かきました。ところが、「音をあらわすことば」が ぬけて います。正しく かきなおしましょう。

〈その１〉

ポチのあたまのうえをはえがブン
ブンとんでいます。

→

ポチのあたまのうえをはえがとん
でいます。

〈その２〉

おじいちゃんがジョリジョリとひ
げをそっています。

→

おじいちゃんがひげをそっていま
す。

〈その３〉

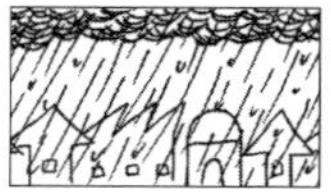

あめがズワーッズワーッとはげし
くふっています。

→

あめがはげしくふっています。

たとえることばを　つかおう　　ねん　くみ（　　　　）

【ステップ二－なおす】　ステップ一のように　つぎの　ことばを　なにかに　たとえた　文に　かきなおしましょう。

〔れい〕　「はしる」……「いぬのようにはしる」　「いし」……「おにぎりのようないし」

〈その1〉

① とぶ　➡　とりのようにとぶ。

〈その2〉

② なく　➡　あかちゃんのようになく。

〈その3〉

③ あるく　➡　ペンギンのようにあるく。

〈その4〉

④ こおり　➡　ダイヤモンドのようなこおり。

〈その5〉

⑤ あり　➡　ごまのようなあり。

〈その6〉

⑥ せんせい　➡　おとうさんのようなせんせい。

はなしことばから　かきだそう　　ねん　くみ（　　　　）

【ステップ二－なおす】　つぎの　さく文を　「はなしことば」で　かきだす　さく文に　かきなおしましょう。

〈その1〉

お父さんが、大きな石をはこんで
います。
「よいしょ、こらしょ。」

➡

「よいしょ、こらしょ。」
お父さんが、大きな石をはこんで
います。

〈その2〉

わたしは、
「あそこにひかっているものはなん
だろう。」
と、さけびました。

➡

「あそこにひかっているものはなん
だろう。」
わたしはさけびました。

「音」から　かきだそう　　ねん　くみ（　　　　）

【ステップ二－なおす】　つぎの　さく文を　「音」や　「なきごえ」で　かきだす　さく文に　かきなおしましょう。

〈その1〉

よる、いえの外で音がしました。
「ゴトン。」

➡

「ゴトン。」
よる、いえの外で音がしました。

〈その2〉

ねこが、
「ニャーオ、ニャーオ。」
と、ないているのがきこえてきまし
た。

➡

「ニャーオ、ニャーオ。」
ねこがないているのがきこえてき
ました。

じゅんじょよく　かこう　　ねん　くみ（　　　　）

【ステップ二－なおす】　つぎの　さく文は、上の　まんがを　みて　かきました。ところが、文の　じゅんじょが　ばらばらです。正しい　じゅんじょに　なるように　□に　ばんごうを　つけましょう。正しく　つけられたら　かきなおしましょう。

5 □それから、
3 □つぎに、
8 □つみあげたかんといしにボールをなげました。
4 □かんのうえにいしをつみあげました。
7 □さいごに、
2 □ぼくはかんを二つつみあげました。
9 □みごとにめいちゅうしました。
6 □ぼくはそのばからたちさりました。
1 □はじめに、

はじめに、ぼくはかんを二つつみ
あげました。
つぎに、かんのうえにいしをつみ
あげました。
それから、ぼくはそのばからたち
さりました。
さいごに、つみあげたかんといし
にボールをなげました。みごとにめ
いちゅうしました。

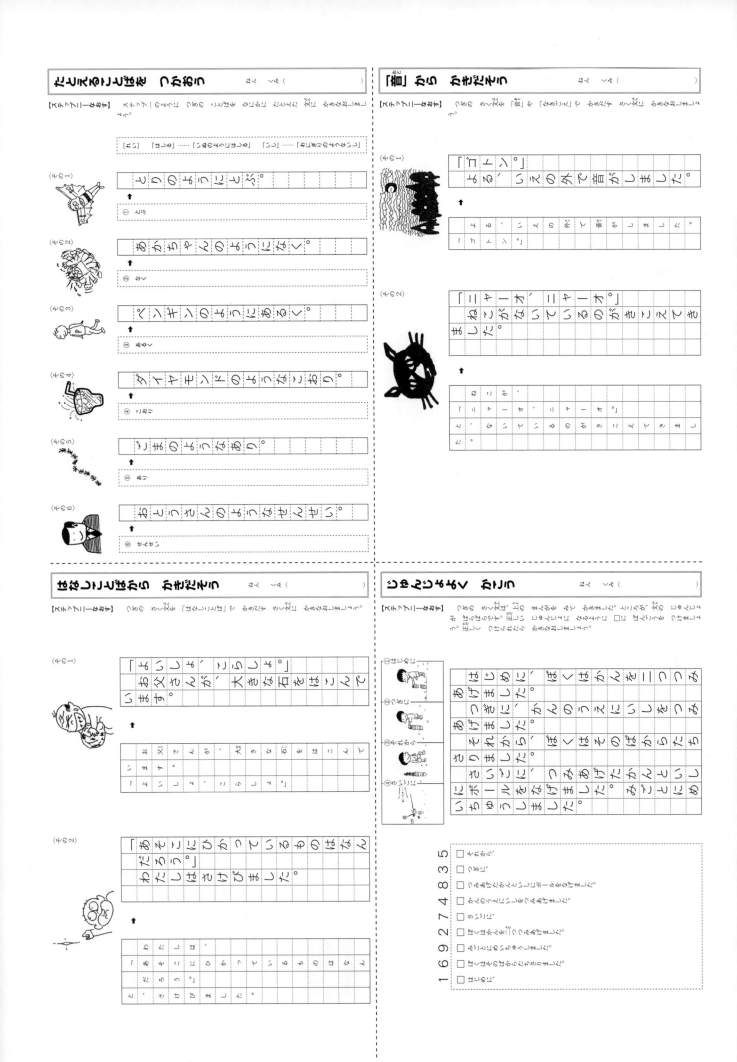

からだを　つかって　かこう

ねん　くみ（　　　）

【ステップ二―なおす】　つぎの　さく文を　からだ（目・手・口・はな・耳など）を　つかって　かいた　さく文に　かきなおしましょう。

〈その1〉

ぼくはしろいソフトクリームをたべました。

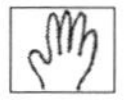

ぼくはつめたいソフトクリームをたべました。

ぼくはあまいソフトクリームをたべました。

↑ ぼくはソフトクリームをたべました。

〈その2〉

いま、いろいろないろがとびちるはなびをしています。

いま、パチパチと音がするはなびをしています。

いま、けむりくさいはなびをしています。

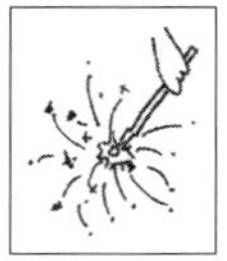

↑ いま、はなびをしています。

いつ・どこで・だれが・なにをする？

ねん　くみ（　　　）

【ステップ二―なおす】　つぎの　さく文は　がくげいかいの　しょうたいじょうです。ところが、たいせつな　ことが　かいて　ないので　わからない　ことが　あります。上の　がくげいかいの　ポスターを　みて　わかりやすい　しょうたいじょうに　かきなおしましょう。

おかあさんへ
十一月三日の日よう日、九じから
二じまで、がくげいかいがあります。
ばしょはしょうがっこうのたいいくかんです。
ぼくたちは「はだかのおうさま」
というげきをします。
みにきてください。
〇〇〇より。

↑

おかあさんへ
がくげいかいをやります。
ぼくたちは「はだかのおうさま」
というげきをします。
みにきてください。

頭と足のある文にしよう

年　組（　　　）

【ステップ二―なおす】　次の三つの言葉を一つの文に書きなおしましょう。その時、頭（主語）と足（述語）のある文にしましょう。

〔例〕　おふろ　体　あらう　→「ぼくはおふろで体をあらいました。」
　　　　　　　　　　　　　　→「お父さんがおふろで体をあらっています。」

〈その1〉

ぼくはどんぐりをどっさりあつめました。

↑ どんぐり　どっさり　あつめる

〈その2〉

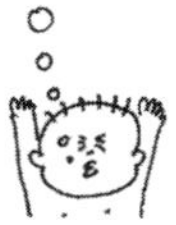

おとうとがプールでブクブクとしずんでいきました。

↑ プール　ブクブク　しずむ

〈その3〉

風がヒューヒューとおちばをまきあげていました。

↑ 風　ヒューヒュー　おちば

〈その4〉

ぼくはよるトイレへびくびくしながら行きました。

↑ よる　トイレ　びくびく

〈その5〉

わたしはたくさんのしゅくだいをしぶしぶはじめました。

↑ しゅくだい　たくさん　しぶしぶ

つなぎ言葉を使おう

年　組（　　　）

【ステップ二―なおす】　次の文章に「つなぎ言葉」を入れて書きなおしましょう。

〈その1〉

今日はよい天気だ。しかし、ぼくは部屋にとじこもっていた。

↑ 今日はよい天気だ。ぼくは部屋にとじこもっていた。

〈その2〉

お皿がわれた。だから、大きな音がした。

↑ お皿がわれた。大きな音がした。

〈その3〉

あの子はとてもやさしい。それに、とてもかわいい。

↑ あの子はとてもやさしい。とてもかわいい。

〈その4〉

父が顔をしかめている。なぜなら、歯がいたいのだ。

↑ 父が顔をしかめている。歯がいたいのだ。

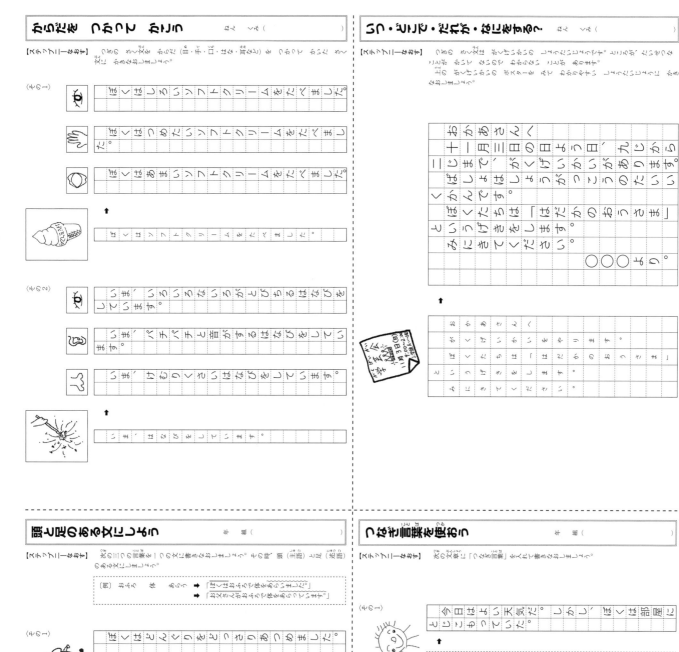

一つの文を短くしよう

年　組（　　　　）

【ステップ二―なおす】　ステップ一の文を参考にして、次の文を二つの文に書きなおしましょう。（文と文をつなぐ言葉を入れましょう。）

〈その１〉

うちゅう人はいるとしんじている人がいる。しかし、それはおかしい。
→ うちゅう人はいるとしんじている人がいるが、それはおかしい。

〈その２〉

どうぶつえんのさるにえさをやった。だから、しいく係の人にしかられた。
→ どうぶつえんのさるにえさをやったら、しいく係の人にしかられた。

〈その３〉

まさき君はゆうや君の意見が正しいと思っている。それに、ぼくもそう思っている。
→ まさき君はゆうや君の意見が正しいと思っているし、ぼくもそう思っている。

〈その４〉

ひろしがびっくりした。なぜなら、きゅうにうさぎがとび出したからである。
→ ひろしがびっくりしたのは、きゅうにうさぎがとび出したからである。

常体と敬体を使い分けよう

年　組（　　　　）

【ステップ二―なおす】　次の例文を常体は敬体に、敬体は常体に書きなおしましょう。

わたしががまんします。
→ ① わたしががまんする。

ぼくが山田だ。（である。）
→ ② ぼくが山田です。

ここは京都です。
→ ③ ここは京都だ。

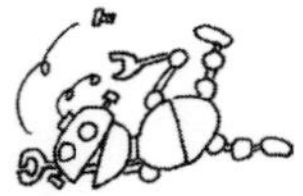

わたしが案内する。
→ ④ わたしが案内します。

作文の大切さがわかった。
→ ⑤ 作文の大切さがわかりました。

そのロボットはあわてものでした。
→ ⑥ そのロボットはあわてものだった。

ぼくは勉強をやめました。
→ ⑦ ぼくは勉強をやめた。

明日は雪だろう。（であろう。）
→ ⑧ 明日は雪でしょう。

だんらくのある作文を書こう

年　組（　　　　）

【ステップ二―なおす】　次の作文は上のまんがを見て書きました。ところが、「だんらく」がありません。三だんらくの作文に書きなおしましょう。

ぼくはサッカーボールであそんでいた。思いきりボールをけった。ぼくは思わず、「はいった！」と大きな声でさけんでしまった。じつは、ボールがはいったのはサッカーゴールではなかった。なんと、女の子の持っていた虫とりあみの中にボールがはいったのだった。

ぼくはサッカーボールであそんでいた。思いきりボールをけった。

ぼくは思わず、
「はいった！」
と大きな声でさけんでしまった。

じつは、ボールがはいったのはサッカーゴールではなかった。なんと、女の子の持っていた虫とりあみの中にボールがはいったのだった。

まるで人間のように書こう

年　組（　　　　）

【ステップ二―なおす】　次の文を擬人法を使って書きなおしてみましょう。

（例）星がかがやいている。
→ 星がまばたきしている。

① 電話がなっている。
→ 電話がよんでいる。

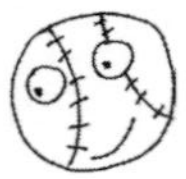

② ボールが転がっている。
→ ボールが前まわりをしている。

③ 雪がふっている。
→ 雪がおりてくる。

④ こまが回っている。
→ こまがおどっている。

はてな？ から書き出そう

年　組（　　　　　　）

【ステップ二―なおす】 次の作文の書き出しを「はてな？」（ぎ問文）で始まるように書きなおしましょう。

〈その１〉

ぼくのたからものはなんでしょうか。
ぼくのたからものはおじいちゃんからもらった「たいこ」です。

→

ぼくのたからものはおじいちゃんからもらった「たいこ」です。

〈その２〉

友だちのひろし君はどんな男の子なのだろうか。
ひろし君はとても元気な男の子である。

→

友だちのひろし君はとても元気な男の子である。

スケッチ作文を書こう①

年　組（　　　　　　）

【ステップ二―なおす】 次の作文は上のけしきのスケッチ作文です。近くから遠くのじゅんじょで書きました。ところが、じゅんじょがバラバラになっています。
正しいじゅんじょになるように□の中に番号をつけましょう。正しくつけられたら書きなおしましょう。

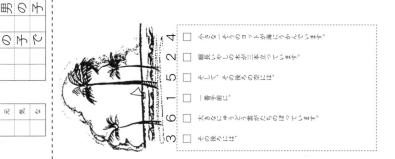

4 □ 小さな一そうのヨットが海にうかんでいます。
2 □ 細長いやしの木が三本立っています。
5 □ そして、その後ろの空には、
1 □ 一番手前に、
6 □ 大きなにゅうどう雲がたちのぼっています。
3 □ その後ろには、

一番手前に、細長いやしの木が三本立っています。
その後ろには、小さな一そうのヨットが海にうかんでいます。
そして、その後ろの空には、大きなにゅうどう雲がたちのぼっています。

スケッチ作文を書こう②

年　組（　　　　　　）

【ステップ二―なおす】 次の作文は上の絵のスケッチ作文です。「左」から「右」のじゅんじょで書きました。ところが、じゅんじょがバラバラになっています。
正しいじゅんじょになるように□の中に番号をつけましょう。正しくつけられたら書きなおしましょう。

4 □ 口の小さいビンがおかれています。
3 □ その右がわに、
6 □ 飲み物の入ったワイングラスがあります。
1 □ 一番左がわに、
5 □ そして、一番右がわに、
2 □ ふたのついた入れ物があります。

一番左がわに、ふたのついた入れ物があります。
その右がわに、口の小さいビンがおかれています。
そして、一番右がわに、飲み物の入ったワイングラスがあります。

道じゅんを説明しよう

年　組（　　　　　　）

【ステップ二―なおす】 えきから「山田ビル」までの道じゅんを説明したのが次の作文です。ところが、「方向を表す言葉」「目じるしになるもの」「数を表す言葉」がなく、このままでは、「山田ビル」まで行けません。
ステップ一の地図をよく見てくわしく書きなおしましょう。

まず、えきをおりたら、まっすぐ歩きます。次に、左へまがります。そうすると、山田ビルがあります。

まず、えきをおりたら北口に出ます。
次に、まっすぐ北へ向かって歩きます。
すると、二つ目の角の左がわに学校が見えてきます。
その学校を通りすぎてそのまままっすぐ進みます。
そして、次の角を左にまがります。
そのまままっすぐ進みます。
しばらくすると、向かって右がわに高いビルが見えてきます。
それが山田ビルです。

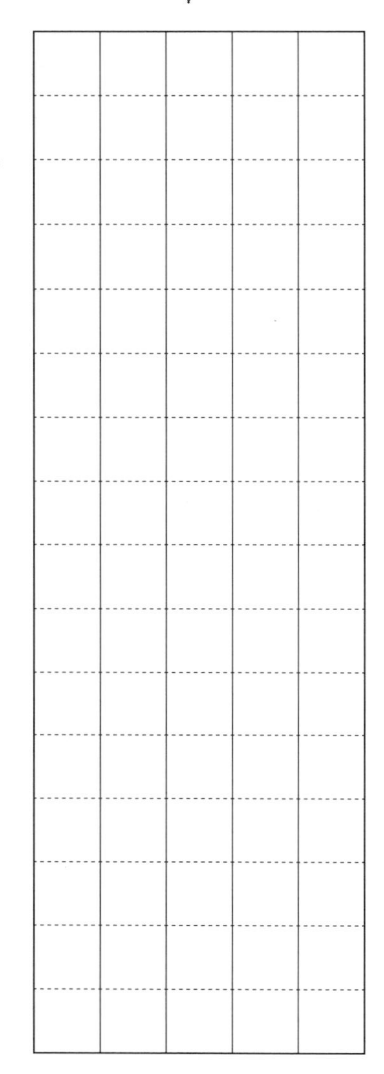

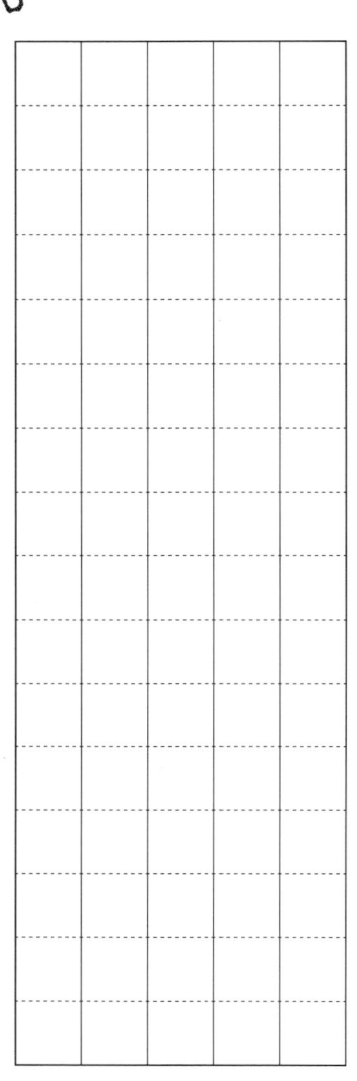

方法を説明しよう

年　組（　　　　　　　）

【ステップ二―なおす】　次の文章は「ささぶね」（ささの葉で作ったふね）の作り方です。ところが文のじゅんじょがバラバラです。上の図にあう文章になるように□に番号を書き入れましょう。正しく書けたら書きなおしましょう。

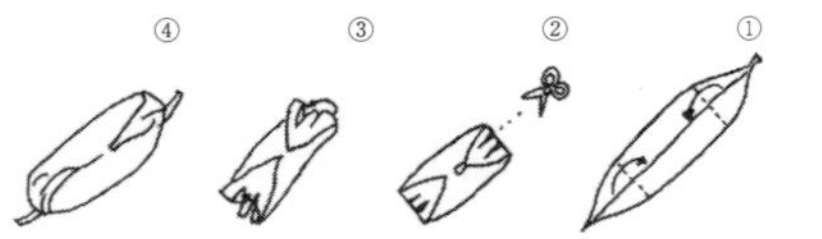

まず、ささの葉の左右を葉のまん
中にむかっておりまげます。
次に、左右それぞれのはしにはさ
みで切りこみを二つ入れて三つに分
けます。
それから、三つに分けたわを組み
合わせます。
さいごに、かたちをととのえてで
きあがりです。

3 □ 次に、
6 □ 三つに分けたわを組み合わせます。
7 □ さいごに、
2 □ ささの葉の左右を葉のまん中にむかっておりまげます。
1 □ まず、
8 □ かたちをととのえてできあがりです。
4 □ 左右それぞれのはしにはさみで切りこみを二つ入れて三つに分けます。
5 □ それから、

かんたんな説明文を書こう

年　組（　　　　　　　）

【ステップ二―なおす】　次の説明文は文のじゅんじょがバラバラになっています。正しいじゅんじょになるように□に番号を書きましょう。正しくできたら書きなおしましょう。

ぞうは、はなが長いです。
ぞうは、どのように長いはなを使
うのでしょうか。
ぞうは、はなで水をかけます。
ぞうは、はなでえさをとって食べ
ます。
ぞうは、はなで遊びます。
このように、ぞうは、はなを手の
ように使うのです。

1 □ ぞうは、はなが長いです。
3 □ ぞうは、はなで水をかけます。
6 □ このように、ぞうは、はなを手のように使うのです。
4 □ ぞうは、はなでえさをとって食べます。
2 □ ぞうは、どのように長いはなを使うのでしょうか。
5 □ ぞうは、はなで遊びます。

（③④⑤は順不同）

お願い作文に挑戦①

年　組（　　　　　　　）

【ステップ二―なおす】　次の作文は「お願い作文」です。ところが、文のじゅんじょがバラバラになっています。正しいじゅんじょになるように□に番号をつけましょう。正しくつけられたら書きなおしましょう。

お母さん、わたしはどうしても子
どもだけでえい画に行かせてほしい
のです。
どうしてかというと、あやちゃん
が「子どもだけでえい画へ行きたい。」
と言っているからです。
だから、お母さん、子どもだけで
えい画へ行かせてください。

2 □ どうしてかというと、あやちゃんが「子どもだけでえい画へ行きたい。」と言っているからです。
3 □ だから、お母さん。子どもだけでえい画へ行かせてください。
1 □ お母さん、わたしはどうしても子どもだけでえい画へ行かせてほしいのです。

お願い作文に挑戦②

年　組（　　　　　　　）

【ステップ二―なおす】　次の作文は「お願い作文」です。ところが、文のじゅんじょがバラバラになっています。正しいじゅんじょになるように□に番号をつけましょう。正しくつけられたら書きなおしましょう。

お父さん、ぼくはどうしても「デ
ィズニーランド」につれていってほ
しいのです。
どうしてかというと、理由が二つ
あります。
一つ目は、ディズニーランドに行
った友だちはみんな「楽しかった!」
というので、ぼくも行ってみたいの
です。
二つ目は、ぼくはミッキーマウス
が大好きなので、一度ディズニーラ
ンドのミッキーマウスに会ってみた
いのです。
だから、お父さん。「ディズニー
ランド」につれていってください。

3 □ 一つ目は、ディズニーランドに行った友だちはみんな「楽しかった!」と言うので、ぼくも行ってみたいのです。
1 □ お父さん、ぼくはどうしても「ディズニーランド」につれていってほしいのです。
5 □ だから、お父さん。「ディズニーランド」につれていってください。
2 □ どうしてかというと、理由が二つあります。
4 □ 二つ目は、ぼくはミッキーマウスが大好きなので、一度ディズニーランドのミッキーマウスに会ってみたいのです。

反対意見を書こう①

年　組（　　　　　　）

【ステップ二ーなおす】　次の作文は上の絵がタコではないと反対しています。ところが、文のじゅんじょがバラバラになっています。ステップ一の反対意見文を参考にしながら正しいじゅんじょになるように□に番号を書き入れましょう。正しく書き入れたら書きなおしましょう。

3 □ しかし、この絵には足が十本もある。
4 □ だから、この絵はタコではないのである。
2 □ もし、タコだとしたら足が八本あるはずだ。
1 □ この絵はタコではない。

この絵はタコではない。
もし、タコだとしたら足が八本あるはずだ。
しかし、この絵には足が十本もある。
だから、この絵はタコではないのである。

反対意見を書こう②

年　組（　　　　　　）

【ステップ二ーなおす】　次の作文は上の絵がときょう走の場面ではないと反対しています。ところが、文のじゅんじょがバラバラになっています。ステップ一の反対意見文を参考にしながら正しいじゅんじょになるように□に番号を書き入れましょう。正しく書き入れたら書きなおしましょう。

3 □ しかし、この人はバトンを持っている。
1 □ これはときょう走の絵ではない。
6 □ だから、これはときょう走の絵ではないのである。
4 □ だい二に、もし、ときょう走だったらたすきをしていないはずだ。
5 □ しかし、この人はたすきをしている。
2 □ だい一に、もし、ときょう走だったらバトンは持っていないはずだ。

これはときょう走の絵ではない。
だい一に、もし、ときょう走だったらバトンは持っていないはずだ。
しかし、この人はバトンを持っている。
だい二に、もし、ときょう走だったらたすきをしていないはずだ。
しかし、この人はたすきをしている。
だから、これはときょう走の絵ではないのである。

読点の打ち方

年　組（　　　　　　）

【ステップ二ーなおす】　次の例文には読点が必要です。正しく書きなおしましょう。

〈その1〉

走っている子どもたちが。

→ 走っている、子どもたちが。

〈その2〉

毛の色が茶色で体が大きいこわそうな犬が毛が白くて体の小さいおとなしそうなねこを追いかけていた。

→ 毛の色が茶色で体が大きいこわそうな犬が、毛が白くて体の小さいおとなしそうなねこを追いかけていた。

〈その3〉

トラックが故障して止まっている自動車に追とつした。

故障したのがトラックの場合
→ トラックが故障して、止まっている自動車に追とつした。

故障したのが自動車の場合
→ トラックが、故障して止まっている自動車に追とつした。

たとえを使おう（暗ゆ）

年　組（　　　　　　）

【ステップ二ーなおす】　次の「一行詩」はたとえが使われていません。〰〰〰の言葉をかえて題名を何かにたとえて書きなおしましょう。

〈その1〉

消しゴム
それは、文字を消すゴムだ。

→ 消しゴム
それは、文字を消すそうじきだ。

〈その2〉

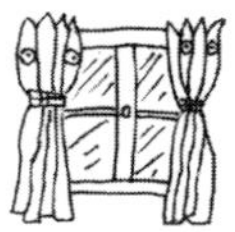

カーテン
それは、まどの布だ。

→ カーテン
それは、まどの洋服だ。

〈その3〉

雪
それは、やねを白くするものだ。

→ 雪
それは、やねを白くするペンキだ。

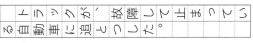

名詞止め（めいしど）を使った作文　　年　組（　　　）

【ステップ二―なおす】　次の例文を（　）の中の名詞（めいし）で終わる名詞止めに書きなおしましょう。

例文　先生は夏休みに京都へ行った。

〈その１〉

夏休みに京都へ行った先生。

➡（先生）

〈その２〉

先生が京都に行った夏休み。

➡（夏休み）

〈その３〉

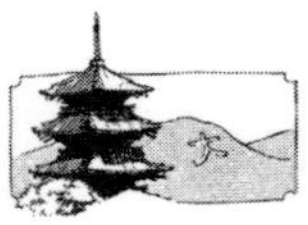

先生が夏休みに行った京都。

➡（京都）

オチのある文章構成（こうせい）（起承転結（きしょうてんけつ））　　年　組（　　　）

【ステップ二―なおす】　下の四コマまんがを作文にしました。ところが、文の順序（じゅんじょ）がバラバラです。正しい順序になるように□に番号を書き入れましょう。正しく書き入れたら書きなおしましょう。

　男の子が虫とりあみを持ってトンボを追いかけていました。トンボはどんどんにげていきます。
　男の子は虫とりあみを思いきりふりおろしました。しかし、トンボはすばやく虫とりあみをかわしてにげてしまいました。
　あれ？トンボのすがたが急に見えなくなりました。トンボはどこにいってしまったのでしょう。
　なんと、トンボはゆう便ポストのマークの上に重なるようにかくれていたのでした。すっかり男の子はだまされてしまいました。

36184257

- □ なんと、トンボはゆう便ポストのマークの上に重なるようにかくれていたのでした。
- □ あれ？ トンボのすがたが急に見えなくなりました。
- □ トンボはどんどんにげていきます。
- □ しかし、トンボはすばやく虫とりあみをかわしてにげてしまいました。
- □ すっかり男の子はだまされてしまいました。
- □ 男の子が虫とりあみを持ってトンボを追いかけていました。
- □ トンボはどこにいってしまったのでしょう。
- □ 男の子は虫とりあみを思いきりふりおろしました。

倒置法（とうちほう）を使った作文　　年　組（　　　）

【ステップ二―なおす】　次の例文を倒置法（とうちほう）を使って書きなおしましょう。

〈その１〉

がんばっている、私は。

➡ 私はがんばっている。

〈その２〉

危ない、その運転が。

➡ その運転が危（あぶ）ない。

〈その３〉

食べよう、お米を。

➡ お米を食べよう。

〈その４〉

行こう、今年の冬は京都へ。

京都へ行こう、今年の冬は。

今年の冬は行こう、京都へ。

➡ 今年の冬は京都へ行こう。（三種類作ってみましょう。）

論説文（ろんせつ）を書こう（起承束結（きしょうそくけつ）の文章構成（こうせい））　　年　組（　　　）

【ステップ二―なおす】　次の作文は「起承束結（きしょうそくけつ）」の文章構成で書かれた「ホタル」についての論説文（ろんせつ）です。ところが、文の順序（じゅんじょ）がバラバラです。ステップ一の論説文を参考にしながら、正しい順序になるように□に番号を書き入れましょう。正しく書き入れたら書きなおしましょう。

　人間が水をよごしたので、ホタルを見かけなくなったという。
　では、水をきれいにすればホタルはもどるのか。
　ホタルの幼虫は川に住む貝をえさにし、成虫は川べりの木や草を交尾や休息の場にしている。しかし、川の底はコンクリートになり、川べりの木もない。
　また、ホタルは暗い場所を好む。だが、川べりは街灯で明るく照らされている。
　このように、水をきれいにするだけではホタルはもどらない。
　人間による自然の改造がホタルの住むかん境をせばめたといえるだろう。

68173425

- □ また、ホタルは暗い場所を好む。
- □ では、水をきれいにすればホタルはもどるのか。
- □ しかし、川の底はコンクリートになり、川べりの木もない。
- □ ホタルの幼虫（ようちゅう）は川に住む貝をえさにし、成虫は川べりの木や草を交尾や休息の場にしている。
- □ このように、水をきれいにするだけではホタルはもどらない。
- □ 人間が水をよごしたので、ホタルを見かけなくなったという。
- □ 人間による自然の改造（かいぞう）がホタルの住むかん境（きょう）をせばめたといえるだろう。
- □ だが、川べりは街灯で明るく照らされている。

（「ホタルの住む水辺」国語五上　銀河　平成八年度版　光村図書の改作）

意見文を書いて主張しよう

年　組（　　　　　　）

【ステップ二―なおす】　次の意見文は順序がバラバラになっています。ステップ一の意見文を参考にしながら正しい順序になるように□の中に番号を書き入れましょう。
正しく書き入れたら書きなおしましょう。

体育は楽しいか、楽しくないか。
私は体育は楽しいと考える。
なぜか。
第一に、体を動かすからである。
もし、体を動かさなかったら、あまり楽しくなかったはずである。
しかし、体育はリレーで走ったりして体を動かす。
第二に、勝負を競うことが多いからである。
もし、勝負を競うことがなかったら、あまり楽しくなかったはずである。
しかし、体育はバスケットボールで点をとりあったりして勝負を競う。
だから、体育は楽しいのである。

- 9 □ 第二に、勝負を競うことが多いからである。
- 2 □ 私は体育は楽しいと考える。
- 5 10 □□ もし、
- 11 □ 勝負を競うことがなかったら、あまり楽しくなかったはずである。
- 4 □ 第一に、体を動かすからである。
- 13 □ 体育はバスケットボールで点をとりあったりして勝負を競う。
- 7 12 □□ しかし、
- 6 □ 体を動かさなかったら、あまり楽しくなかったはずである。
- 8 □ 体育はリレーで走ったりして体を動かす。
- 14 □ だから、体育は楽しいのである。
- 1 □ 体育は楽しいか、楽しくないか。
- 3 □ なぜか。

（二回使う言葉や文には□が二つあります。）

比ゆ表現を使って情景描写しよう

年　組（　　　　　　）

【ステップ二―なおす】　次の作文は上の絵の情景を描写しています。より効果的に描写できるように「比ゆ表現」を使った情景描写に書きなおしましょう。

一本道が地平線のかなたまで続いている。その道の左右には、並木が続く。この並木道を少し行った右側には、ポツンと一けんの家がある。

長い線をまっすぐに引いたような一本道が地平線のかなたまで続いている。
その道の左右には、道をおおいかくすへいのような並木が続く。やはり、並木も地平線のかなたまで続いている。
この並木道を少し行った右側には、まるでおきざりにされた子どものようにポツンと一軒の家がある。
家の屋根もそのまわりの景色も、白いペンキでぬったようにまっ白である。雪がふった後なのだろう。それ以外には何も見えない広広とした景色である。

スピーチの原稿を書こう

年　組（　　　　　　）

【ステップ二―なおす】　次の作文はスピーチの原稿です。ところが、文の順序がバラバラです。まず、それぞの文が「事実」なのか「意見」なのか（　）に書きましょう。次に、正しい順序になるように□に番号を書き入れましょう。正しく書き入れたら書きなおしましょう。

私の宝物は母がロシアから買ってきてくれた人形です。この人形は首がはずれます。その中からまた、同じ形をした人形が出てきます。そして、その人形の首をはずすと、さらに同じ形をした人形が出てきます。それをくり返していくと、出てくる人形がだんだん小さくなります。結局、全部で十個の人形が出てきます。
この人形の顔は私に似ていると思います。だから、親しみがあります。この人形をずっと大切にしていこうと思っています。

- 7 □ この人形の顔は私に似ていると思います。（意見）
- 4 □ そして、その人形の首をはずすと、さらに同じ形をした人形が出てきます。（事実）
- 2 □ この人形は首がはずれます。（事実）
- 8 □ だから、親しみがあります。（意見）
- 1 □ 私の宝物は母がロシアから買ってきてくれた人形です。（事実）
- 3 □ その中からまた、同じ形をした人形が出てきます。（事実）
- 9 □ この人形をずっと大切にしていこうと思っています。（意見）
- 6 □ 結局、全部で十個の人形が出てきます。（事実）
- 5 □ それをくり返していくと、出てくる人形がだんだん小さくなります。（事実）

引用を使った意見文を書こう

年　組（　　　　　　）

【ステップ二―なおす】　次の作文はステップ一の詩「ゆきのなかの　こいぬ」についての意見文です。ところが、「引用」がなく、結論の理由がはっきりしません。ステップ一の意見文を参考にしながら、正しく「引用」された意見文に書きなおしましょう。

ゆきのなかの　こいぬ
すずき　としちか
どこから　きたの
こんなに　ふっているのに
そっちへ　いっちゃ　だめ
みえないけれど
どぶがあるよ
そっちへ　いっちゃ　だめ
かきねの　まわりに
とげとげの
はりがね　ついているよ
さむいのね
そんなに　ふるえて
さあ
ついていらっしゃい

こいぬは動いているか、動いていないか。
動いていると考える。

➡

こいぬは動いているか、動いていないか。
動いていると考える。
なぜか。
第一に、「そっちへ　いっちゃ　だめ」と書かれているからだ。
もし、こいぬが動いていないなら、どぶの方へ行かないのだから、止めなくてよい。
しかし、「そっちへ　いっちゃ　だめ」と止めているのである。
第二に、もう一度「そっちへ　いっちゃ　だめ」と書かれているからだ。
もし、こいぬが動いていないなら、とげとげのはりがねの方へ行かないのだから、止めなくてよい。
しかし、「そっちへ　いっちゃ　だめ」と止めているのである。
だから、こいぬは動いていると考える。

説明文を書こう

年　組（　　　　　　）

【ステップ二―なおす】　次の作文は「自動車」についての説明文です。ところが、文の順序がバラバラです。ステップ一の説明文を参考にしながら、正しい順序になるように□に番号を書き入れましょう。正しく書き入れたら書きなおしましょう。

道路には毎日いろいろな自動車が走っていますね。自動車は目的によって、どんな作りになっているのでしょうか。バスは人をのせて運びます。そのため、座席のところが広く作ってあります。トラックは荷物を運びます。そのため、広い荷台がついています。クレーン車は重いものをつり上げます。そのため、車体がかたむかないようにしっかりしたあしがついています。このように、自動車は目的によっていろいろな作りをしているのです。

8 □ そのため、車体がかたむかないようにしっかりしたあしがついています。
2 □ 自動車は目的によって、どんな作りになっているのでしょうか。
5 □ トラックは荷物を運びます。
4 □ そのため、座席のところが広く作ってあります。
1 □ 道路には毎日いろいろな自動車が走っていますね。
7 □ クレーン車は重いものをつり上げます。
9 □ このように、自動車は目的によっていろいろな作りをしているのです。
6 □ そのため、広い荷台がついています。
3 □ バスは人をのせて運びます。

（『じどう車くらべ』こくご一上　平成八年度版　光村図書の改作）

説得文を書こう

年　組（　　　　　　）

【ステップ二―なおす】　次の作文は「パソコン」を買ってもらうためにお母さんを説得した文章です。ところが、文の順序がバラバラです。ステップ一の説得文を参考にしながら、正しい順序になるように□に番号を書き入れましょう。正しく書き入れたら書きなおしましょう。

お母さん、わたしはどうしてもパソコンを買ってほしいのです。なぜかというと、わたしはインターネットをしたいのです。パソコンは他の県にいる知らない友達と通信することができます。それでも、お母さんは、「パソコンをどこに置くのか。」と思うでしょう。なるほど、確かに、パソコンの置き場に困るでしょう。しかし、わたしの部屋のベッドの場所をかえれば置けそうです。だから、お母さん。パソコンを買ってください。

5 □ なるほど、確かに、パソコンの置き場に困るでしょう。
4 □ それでも、お母さんは、「パソコンをどこに置くのか。」と思うでしょう。
2 □ なぜかというと、わたしはインターネットをしたいのです。
6 □ しかし、わたしの部屋のベッドの場所をかえれば置けそうです。
3 □ パソコンは他の県にいる知らない友達と通信することができます。
7 □ だから、お母さん。パソコンを買ってください。
1 □ お母さん、わたしはどうしてもパソコンを買ってほしいのです。

図を使った説明文を書こう

年　組（　　　　　　）

【ステップ二―なおす】　次の作文は「動物の足のつくり」についての説明文です。ところが、文も図も順序がバラバラです。ステップ一の説明文を参考にしながら、正しい順序になるように□に番号を書き入れましょう。正しく書き入れたら書きなおしましょう。
また、図もきりとって正しい順序にはりかえましょう。

①
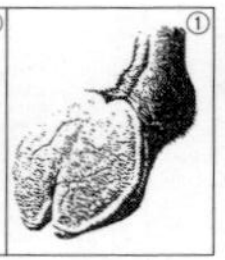
②

上の図はいろいろな動物の足です。そのいろいろな動物の足はどんな様子をしているのでしょうか。①の図はらくだの足です。らくだは、さばくのすなにしずまないように、足のうらが広がっています。②の図は北極ぐまの足です。北極ぐまは、氷の上でもすべらないように、足のうらにじょうぶな毛がはえています。このように、動物の足は住んでいる場所にあったつくりになっているのです。

4 □ らくだは、さばくのすなにしずまないように、足のうらが広がっています。
2 □ そのいろいろな動物の足はどんな様子をしているのでしょうか。
5 □ ②の図は北極ぐまの足です。
7 □ このように、動物の足は住んでいる場所にあったつくりになっているのです。
1 □ 上の図はいろいろな動物の足です。
6 □ 北極ぐまは、氷の上でもすべらないように、足のうらにじょうぶな毛がはえています。
3 □ ①の図はらくだの足です。

（『どうぶつの　あし』こくご一上　平成四年度版　光村図書の改作）

反論する意見文を書こう

年　組（　　　　　　）

【ステップ二―なおす】　次の作文は「やめてください、めいわく駐車」に対する「反論の意見文」です。アの「駐車禁止の看板を立てる」ことについて反論しています。ところが文の順序がバラバラです。
正しい順序になるように□に番号を書きましょう。正しく書けたら書きなおしましょう

「やめてください、めいわく駐車」

大江　一嘉

一月も終わりに近い土曜日の午後のことです。いつものとおり、トラックが、ぼくの家の西側の歩道に片方のタイヤを乗り上げ、駐車していました。そこへ、十トンぐらいの大型トラックがやって来ました。そして、なんとか通りぬけようとハンドルを操作していましたが、やはり通れず、クラクションを何回も鳴らしました。近所が、とてもうるさい思いをしました。通ろうとしたトラックは、仕方なく、直進して走り去りました。この間、二百メートルほども自動車がじゅうたいしていました。母が、「なんとかならないかね。」と、腹立たしそうに言いました。

ぼくは、このような「めいわく駐車」を防ぐ方法として、次のようなことを提案したいと思います。

ア　駐車禁止の看板を立てる。
イ　駐車している車にステッカーをはる。
ウ　駐車できないように、花を植えたプランターを置く。
エ　警察の人にとりしまってもらう。

（「小学校国語　6下」学校図書　平成八年度版より部分省略引用）

私は大江さんの意見に反対である。大江さんは「めいわく駐車」を防ぐために「駐車禁止の看板を立てる。」と言う。しかし、この意見はおかしい。第一に、駐車禁止の看板がある場所に駐車している車は多い。つまり、看板では「めいわく駐車」はなくならない。第二に、もしも、この場所には駐車しなくなっても他の場所に駐車するだろう。つまり、「めいわく駐車」がなくなったわけではない。だから、大江さんの意見はおかしいのである。

5 □ つまり、看板では「めいわく駐車」はなくならない。
6 □ 第二に、もしも、この場所には駐車しなくなっても他の場所に駐車するだろう。
1 □ 私は大江さんの意見に反対である。
8 □ だから、大江さんの意見はおかしいのである。
3 □ しかし、この意見はおかしい。
4 □ 第一に、駐車禁止の看板がある場所に駐車している車は多い。
7 □ つまり、「めいわく駐車」がなくなったわけではない。
2 □ 大江さんは「めいわく駐車」を防ぐために「駐車禁止の看板を立てる。」と言う。

〈参考文献一覧〉

本書をまとめるにあたって、次の著作を参考にした。

『二百字限定作文で作文技術のトレーニング』村野　聡著（明治図書）
「向山式二百字作文ワーク」（『教室ツーウェイ』誌　一九九二年八月号　明治図書）
『作文の基礎力を完成させる短作文指導』大西道雄著（明治図書）
『作文の基礎力を育てる短作文のネタ』吉永幸司著（明治図書）
『新しい学力観に立つ短作文ステップ学習』瀬川榮志著（明治図書）
『言語技術教育の体系と指導内容』三森ゆりか著（明治図書）
『続・国語科発問の定石化』大森　修著（明治図書）
『描写力を鍛える』大森　修編著（明治図書）
『順序を鍛える』大森　修編著（明治図書）
『視点を鍛える作文技術』大森　修編著（明治図書）
『提案・作文技術の年間指導計画』大森　修編著（明治図書）
『国語の授業が楽しくなる』向山洋一著（明治図書）
『レトリックを作文指導に生かす』井上尚美著（明治図書）
『説明文の読み方・書き方』市毛勝雄著（明治図書）
『間違いだらけの文章作法』市毛勝雄著（明治図書）
『楽しい短作文のネタ50選』横田経一郎著（明治図書）
『反論の技術』香西秀信著（明治図書）
『実践・言語技術入門』言語技術の会著（朝日選書）
『日本語の作文技術』本多勝一著（朝日新聞社）
『実戦・日本語の作文技術』本多勝一著（朝日新聞社）

▼あとがき

本書は『２００字ピッタリ作文』（学芸みらい社）で提案した作文指導をワーク化した一冊である。

２００字ピッタリ作文とは藤原与一氏が『国語教育の技術と精神』（新光閣書店）で提案した二百字限定作文のことである。文字数を２００字ピッタリにして書く短作文の一種である。

『２００字ピッタリ作文』は１９９６年に明治図書より発刊した「二百字限定作文で作文技術のトレーニング」の再刊版である。その3年後の１９９９年に『２００字ピッタリ作文』の作文ワーク集として『作文技術をトレーニングする作文ワーク集』を出版した。

本書は『作文技術をトレーニングする作文ワーク集』の再刊版である。

書名も「〝うつす・なおす・つくる〟の3ステップ　スラスラ書ける作文ワーク厳選44」と改名した。

書名の通り、例文視写（うつす）、例文修正（なおす）、実作（つくる）の3ステップで作文技術を確実に身に付けさせることができる教材である。

この本の再刊を喜んでいるのは何より私自身である。私はこの本のヘビーユーザーだからだ。

１９９９年の出版ではあるが、今なお、日本の作文教育に必要な論理的な作文技術を身に付けさせるための教材がぎっしりと詰まった一冊となっている。

ぜひ、教室で活用し、子どもに圧倒的な作文力を身に付けさせていただきたい。

本書は絶版になって以来、ほとんど中古に出ることがなく、多くの方から再刊を望む声があった。

今回、学芸みらい社の樋口雅子氏のおかげで再び世に出すことができた。この場を借りて心より感謝申し上げる。

二〇一八年十一月

村野　聡

【著者紹介】

村野　聡（むらの　さとし）

・一九六三年一月一八日、東京都羽村市生まれ。
・一九八五年三月、國學院大学文学部卒業の後、一九八六年四月、東京都西多摩郡奥多摩町立氷川小学校に勤務。一九九一年四月、東京都青梅市立霞台小学校に勤務。
現在、東京都青梅市第４小学校勤務。

〈著書等〉

「向山式二百字作文ワーク」（『教室ツーウェイ』誌、一九九二年八月号）
『楽しく力がつく作文ワーク　小学五年』（一九九四年　明治図書　共著）
『楽しく力がつく作文ワーク　小学六年』（一九九四年　明治図書　共著）
『算数科の評価と支援　小学五年』（一九九五年　教育出版　共著）
『作文技術指導大辞典』（一九九六年　明治図書　共著）
『二百字限定作文で作文技術のトレーニング』（一九九六年　明治図書　単著）
『「おもしろい・楽しい・好き」になる算数授業の創造』（一九九七年　㈶教育調査研究所　共著）
『作文技術をトレーニングする作文ワーク集』（一九九九年　明治図書　単著）
『イラスト作文スキル　高学年』（二〇〇四年　明治図書　編著）
『クロスワードで社会科授業が楽しくなる！』（二〇〇五年　明治図書　単著）
『社会科「資料読み取り」トレーニングシート』（二〇〇八年　明治図書　単著）
『社会科「重点指導事項」習得面白パズル』（二〇〇九年　明治図書　単著）
『新版　社会科「資料読み取り」トレーニングシート５年編』（二〇一〇年　明治図書　単著）
『新版　社会科「資料読み取り」トレーニングシート６年編』（二〇一〇年　明治図書　単著）
『ピンポイント作文トレーニングワーク』（二〇一二年　明治図書　単著）
『ピックアップ式作文指導レシピ33』（二〇一四年　明治図書　単著）
『子どもが一瞬で書き出す！〝４コマまんが〟作文マジック』（二〇一七年　学芸みらい社　単著）
『新版　社会科「資料読み取り」トレーニングシート３・４年編』（二〇一〇年　明治図書　編著）
『２００字ピッタリ作文　★指導ステップ&楽しい題材テーマ１００』（二〇一八年　学芸みらい社　単著）

〈住所〉〒２１６-００３３　川崎市宮前区宮崎３-４-14 ジュネス宮崎台１０２

"うつす・なおす・つくる"の3ステップ
スラスラ書ける作文ワーク 厳選44

2018年12月20日 初版発行

著 者 村野 聡
発行者 小島直人
発行所 株式会社 学芸みらい社
〒162-0833 東京都新宿区箪笥町31 箪笥町SKビル
電話番号 03-5227-1266
http://www.gakugeimirai.jp/
e-mail : info@gakugeimirai.jp
印刷所・製本所 藤原印刷株式会社
企 画 樋口雅子
校 正 大島優子
装丁デザイン・組版 星島正明
落丁・乱丁本は弊社宛てにお送りください。送料弊社負担でお取り替えいたします。
©Satoshi Murano 2018 Printed in Japan
ISBN978-4-908637-90-2 C3037